东北全面振兴 辽宁三年行动研究丛书

辽宁省重点主题出版扶持项目

加快新能源产业发展

辽宁全面振兴新动能

王国辉 等 著

东北财经大学出版社
Dongbei University of Finance & Economics Press
大连

图书在版编目（CIP）数据

加快新能源产业发展：辽宁全面振兴新动能 / 王国辉等著．—大连：东北财经大学出版社，2025.7．—（东北全面振兴·辽宁三年行动研究丛书）．—ISBN 978-7-5654-5756-2

Ⅰ．F426.2

中国国家版本馆CIP数据核字第20257RZ175号

加快新能源产业发展：辽宁全面振兴新动能

JIAKUAI XINNENGYUAN CHANYE FAZHAN：LIAONING QUANMIAN ZHENXING XIN DONGNENG

东北财经大学出版社出版发行

大连市黑石礁尖山街217号　邮政编码　116025

网　　址：http://www.dufep.cn

读者信箱：dufep@dufe.edu.cn

大连金华光彩色印刷有限公司印刷

幅面尺寸：170mm×240mm　字数：133千字　印张：10.75

2025年7月第1版　　2025年7月第1次印刷

责任编辑：李　季　王　玲　张爱华　包利华　李　丹　　责任校对：刘贤恩

封面设计：张智波　　版式设计：原　皓

书号：ISBN 978-7-5654-5756-2　　定价：52.00元

教学支持　售后服务　联系电话：(0411) 84710309

举报电话：(0411) 84710523

如有印装质量问题，请联系营销部：(0411) 84710711

前　言

一直以来，能源就是推动历史前进的无形之手，钻木取火的原始智慧成为人类文明的初始之光，蒸汽机的轰鸣伴着煤炭的熊熊燃烧让工业革命席卷全球，内燃机车轮的转动让石油在现代工业文明的血管里高速流淌，成就了前所未有的全球化进程。

可以说，人类文明的发展史，就是一部能源的发展史，能源产业的每一次变革，都深刻重塑着世界的面貌。

而今，全球又站在新旧能源体系交替的十字路口，“碳达峰、碳中和”的号角催促着各国竞相开辟绿色发展新赛道。中国，作为负责任的大国，正以“双碳”目标为引领，谱写着能源转型的东方史诗。而辽宁，这片曾以重工业铸就共和国辉煌的黑土地，亦在新时代的浪潮中，以新能源为笔，以创新为魂，以“共和国长子”特有的担当与奋进，扛起了能源转型、全面振兴的大旗。

《加快新能源产业发展：辽宁全面振兴新动能》一书，正是对这一时代命题的深刻回应。本书以国际视野与历史感悟为经纬，以辽宁新能源产业发展的时代背景与战略意义为纵深，将国家顶层设计与地方实践相结合，层层推进、环环相扣，既有对风电、氢能、储能等前沿产业链的条分缕析，亦有对江苏、福建、湖北等先进省份经验的博采众长；既直面辽宁产业转型的痛点与壁垒，又以创新思维提出破局之策。

辽宁的新能源发展之路，恰似一个“驭风而行”的新征程。这里曾是新中国能源供给的大后方，是共和国工业文明的创始地；这里坐拥渤海湾的劲风与辽河平原的沃土，资源禀赋得天独厚；这里正乘着东北振兴与新能源革命的时代东风，结出一颗颗硕果：辽东半岛沿海千万千瓦级海上风电基地争相璀璨，抽水蓄能电站、氢能应用在这片土地上从愿景变为现实，农渔互补、矿区治理等项目让“光伏+”有了新的应用场景……这些可再生能源的持续综合应用，让2025年的辽宁实现了非化石能源消费占比超过13%，清洁能源利用亦实现了新突破，为辽宁的产业结构升级提供了支撑和契机。

盘点辉煌和机遇的同时，也应正视危机与不足：体制机制束缚、产业链协同不足、创新生态有待完善……都是桎梏辽宁腾飞的掣肘。本书不回避矛盾，更不空谈愿景，而是以扎实的调研与缜密的分析，提出“政策—技术—市场”三位一体的解决方案：从强化顶层设计到培育龙头企业，从搭建产学研平台到构建区域协同网络，每一则建议皆立足省情，每一处落笔皆指向未来。

人类的文明史，就是一部能源的发展史。虽每一次转型都伴随着阵痛，但终将由创新者引领方向，使奋进者拥抱成功。今日之辽宁，恰如昔日的鲁尔区或匹兹堡，处于从传统能源基地向绿色经济枢纽跃迁的关键节点。本书的价值，不仅在于为决策者提供参考，为从业者厘清路径，更在于传递一种信念：新能源产业绝非遥不可及的科技梦，而是触手可及的新引擎。当风电机的叶片划破辽东湾的晨雾，当氢燃料电池驱动着钢都的物流网络，当储能电站点亮辽西的夜晚——这片土地必将凭借崭新的能源版图，重新定位自身在中国乃至全球经济格局中的坐标。

“三年行动”已经取得了新能源发展的累累硕果：“风光核能”全面发

展，新兴产业异军突起，清洁能源正成为新引擎，辽宁的产业结构已经从“重工业独大”转型为“传统产业升级+新兴产业崛起”双轮驱动，老工业基地可谓重展新颜。

本书由王国辉教授、安玉兴教授共同提出写作框架，并得到杨光研究员的大力支持，最终由王国辉、安玉兴、许静、马云俊撰写完成。在写作过程中，具体分工如下：王国辉负责第1章、第2章、第3章和第10章；马云俊负责第4章、第5章；许静负责第6章、第9章；安玉兴负责第7章和第8章。

此书付梓之际，谨向所有为辽宁新能源事业躬耕的研究者、实践者致敬，期待有更多志同道合者加入这场绿色变革。愿我们共同努力，在“共和国长子”涅槃重生的壮美篇章上留下独属于我们的浓墨重彩的一笔！

目 录

第1章

加快发展新能源产业是辽宁振兴新突破当务之急

经过十余年的爆发式增长，新能源产业已然是中国经济增长版图中极其重要的一环。辽宁在取得振兴新突破的关键时期，面对传统产业增长空间收缩、新能源产业正处于高速增长期的调整阶段和辽宁新能源产业已经与先进省份拉开距离的现实，辽宁省的当务之急是把发展新能源产业由“选修课”提升为“必修课”“核心课”，下定决心加快新能源产业发展，支撑辽宁经济未来持续保持较快的增长速度，培育新质生产力，履行维护能源安全的社会责任，打造振兴突破新引擎。当前，辽宁加快新能源产业发展面临不少问题，包括缺少科学的顶层规划，产业成本高、规模小，缺少龙头企业，营商环境亟待改善等，且技术性、制度性、体制性梗阻较多，干事创业缺乏担当精神和创新意识，必须尽快解决。

在全球能源结构面临深刻变革和科技革命不断推进的背景下，新能源产业不仅代表着技术变革的前沿方向，更是推动经济社会可持续发展的重要支柱。辽宁省的新能源产业，凭借产业基础雄厚、产业链相对完整、技术底蕴深厚等优势，成为推动辽宁省经济社会发展的重要驱动力之一。作为我国重要的工业基地，辽宁省正处在新旧动能转换的关键时期，新能源产业增长速度之快、带动能力之强，对于塑造未来辽宁发展格局具有不可替代的作用。因此，辽宁省需要充分认识到新能源产业的重要性，以更加积极的姿态和更加有力的措施，推动新能源产业快速发展，打造辽宁振兴突破新引擎。

2015年，近200个国家和地区在法国巴黎达成《巴黎协定》，旨在将全球平均气温较工业化前水平升高控制在2摄氏度以内，并努力将升温控制在1.5摄氏度以内，中国成为《巴黎协定》的重要参与者和贡献者。2020年，中国国家主席习近平在第七十五届联合国大会上宣布，中国力争在2030年前实现碳达峰，2060年前实现碳中和，这一承诺标志着中国在全球气候治理中有着重要领导作用。碳达峰、碳中和目标（简称“双碳”目标）的提出，主要是为了应对全球气候变化和减少温室气体排放。随着工业化和城市化的快速发展，全球温室气体排放量急剧增加，导致全球气候变暖、极端天气事件频发等环境问题。为了应对这些挑战，国际社会逐渐形成了减少碳排放的共识，许多国家和地区开始制定和实施碳达峰、碳中和战略。

“双碳”目标的实现，需要配以能源结构调整，推动能源结构从高碳向低碳转变，大力发展可再生能源，减少对化石能源的依赖；推动传统高耗能、高排放产业的转型升级，发展绿色低碳产业；加强碳捕集、利用与封存（CCUS）等低碳技术的研发和应用，促进国际合作，让各个国家积极参与全球气候治理，加强与其他国家和地区的合作，共同应对气候变化的挑战。

当前，碳达峰、碳中和战略国家层面的政策文本包括《中共中央 国务院关于完整准确全面贯彻新发展理念做好碳达峰碳中和工作的意见》（2021年）、《2030年前碳达峰行动方案》（2021年）、《“十四五”现代能源体系规划》（2021年）等，这些政策文本为中国实现“双碳”目标提供了坚实的政策保障和行动指南。

1.1　新能源产业处于全面爆发期，能够有力支撑辽宁未来较快的经济增长速度

从新能源发展角度看，中国新能源产业世界领先。国际可再生能源署（IRENA）发布的《2025年可再生能源装机容量统计报告》指出，2024年全球可再生能源装机容量实现大幅增长，总容量达到4 448GW。2024年新增的585GW装机容量占全球新增电力装机容量的92.5%，其中中国近乎贡献了全球新增容量的64%。2025年1月21日，国家能源局发布了《2024年全国电力工业统计数据》，根据最新数据，截止到2024年底，我国的电力总装机容量达到33.49亿千瓦，其中新能源占比为42%。2024年，我国新增电力装机容量4.29亿千瓦，其中新能源占比为83%。

2012年到2023年，中国新能源累计装机容量增加10.3亿千瓦，年均增长率为27.4%，其中风电年均增长率为19.6%，光伏年均增长率为60.2%。中国新能源汽车产业呈爆炸式增长，2024年新能源汽车产销量分别为1 288.8万辆和1 286.6万辆，同比分别增长34.4%和35.5%，产销量连续10年位居全球第一。储能行业迎来爆发期，仅2023年新增的新型储能装机量，就达到过去10年国内装机的总和。2022—2024年，我国新能源行业整体投资金额分别为9.2万亿元、2.8万亿元和3.7万亿元，降幅非常显著。2023年，全国主要可再生能源发电项目完成投资超过7697亿元，约占全部电源工程投资的80%，风电和太阳能投资分别同比增长33.7%和60.5%。2023年制造业的15个行业中，和新能源有关行业的增速都非常快，光伏设备及元器件制造同比增速高达76.84%，排在第一位；新能源汽车整车制造达到38.82%，排在第二位；风能原动设备制造达23.23%，排在第五位。总之，从全国范围来看，新能源产业对经济的支撑和带动作用巨大，将新能源产业作为重点发展方向，有助于辽宁实现全面、全方位振兴。

从新能源带动经济发展的角度看，新能源产业存在巨大的增长空间。当前，全球新能源产业正从“孕育期”转向“成长期”，离“成熟期”还有相当长的距离。国际能源署的预测显示，在超过148个国家和地区提出碳中和目标的背景下，全球对新能源的需求远大于供给，到2030年，全球新能源汽车需求量将达4 500万辆，是2023年的3倍多。全球光伏发电装机累计容量在2030年至少要达到5 400GW，近乎2023年全球总装机量的4倍，约为中国总装机量的9倍，所谓“中国新能源产能过剩论”纯属伪命题。我国新能源发电技术处于世界第一梯队，2023年，风电光伏产业关键零部件产量占全球的70%，光伏多晶硅、硅片、电池片和组件产量占全球的比重均超过80%。2023年，光伏产品硅片出口70.3GW，同比增长超过93.6%；电池出口39.3 GW，同比增长65.5%；组件出口211.7 GW，同比增长37.9%。电动载人汽车、锂离子蓄电池和太阳能电池作为外贸“新三样”，全年合计出口

1.06万亿元，首次突破万亿元大关。2024年，全国可再生能源发电新增装机容量3.73亿千瓦，同比增长23%，占电力新增装机容量的86%。新能源产业呈现出非常强劲的增长趋势。

迅猛发展的新能源产业，是辽宁经济发展的关键增长极。据研究，新能源产业生产总值每增加10万元，将分别带给制造业、建筑业、卫生和社会工作、住宿和餐饮业与技术服务业10 459元、10 060元、8 066元、7583元和7135元的产值规模。新能源产业因其超高的增长率，成为决定区域经济增长的关键产业。以内蒙古为例，2023年其加速新能源发展，投资突破3 000亿元，新能源总装机规模突破9 000万千瓦，电力总装机规模突破2亿千瓦，能源领域实现了“十个全国第一”，使得内蒙古GDP增速达到7.3%。反观辽宁，过去10年经济增长乏力，2023年经济增长首次超过全国平均水平，增速达到5.3%。但由于辽宁产业结构偏传统，想要维持长期持续的高速增长，布局增速快且带动能力强的新能源产业是最佳选择。

1.2　新能源是典型的新质生产力，能够有效提高辽宁经济发展质量

新能源产业代表着科技革命和产业变革的新方向、新趋势。从我国2008年提出战略性新兴产业的概念开始，新能源就一直被确定为战略性新兴产业，是典型的新质生产力。2010年，国务院发布《关于加快培育和发展战略性新兴产业的决定》，明确指出的七类战略性新兴产业，就包括节能环保、新能源和新能源汽车这三类。此后，新能源、新能源汽车都被列入“十二五”“十三五”国家战略性新兴产业发展规划及“十四五”发展规划。新能源产业现在被确定为具有智能、低碳和健康特征的未来产业。

发展新能源产业能有效改善辽宁重碳足迹的产业结构。辽宁以石化、钢

铁、冶金等产业为主的经济传统支柱产业，其生产总值占规模以上工业生产总值的比重接近50%，这些产业以高碳排放和高耗能为特征，科技含量不高。辽宁加快发展新能源产业，可以有力地带动装备制造、科技研发、配套服务等相关产业的发展，促进技术创新和产业升级，提升产业核心竞争力，抢占未来经济和科技发展的制高点，培育发展的新动能，培育新的经济增长点，提高创新驱动内生动力，能够有效提高辽宁经济的发展质量。

1.3 新能源产业是落实总书记的要求履行能源安全政治使命的重要载体

习近平总书记在“9.7”重要讲话中指出，东北地区要加快发展风电、光电、核电等清洁能源，建设风光火核储一体化能源基地。清洁能源的发展不仅有助于减少对化石燃料的依赖，还能有效减少温室气体的排放，推动绿色低碳的发展。习近平总书记强调加快发展风电、光电、核电等清洁能源，体现了中国在能源结构调整和环境保护方面的坚定决心。东北地区拥有丰富的风能、太阳能和核能资源，具备发展清洁能源的良好条件。通过加快发展这些清洁能源，东北地区可以充分发挥其资源优势，提升能源自给率，保障能源安全。风光火核储一体化能源基地建设，可以提高能源利用效率，增强电网的稳定性和可靠性，同时也有助于应对能源的供需波动。清洁能源产业的发展将为东北地区带来新的经济增长点，促进产业结构升级和区域经济协调发展。通过建设一体化能源基地，可以带动相关产业链的发展，创造更多就业机会，提升区域经济竞争力。

习近平总书记在2024年2月29日中共中央政治局第十二次集体学习时强调，以更大力度推动我国新能源高质量发展，为中国式现代化建设提供安全可靠的能源保障。维护“五大安全”是辽宁承担的重要使命，大力发展新能源产业是辽宁维护“五大安全”的重要途径。2015年1月，习近平总书记在辽宁考察时强调，“要统筹传统产业转型升级和战略性新兴产业培育壮大，加快建设现代化产业体系”，为我们推动新能源产业发展进一步明确了方向和路径。

辽宁一次能源生产量占一次能源消费的比例，近年来一直处于下降趋势，能源的自我保障率在近10年间从30%左右降至20%左右。根据课题组的预测，2028年全省自我保障率会下降到13.2%。因此，辽宁履行五大安全的政治使命，核心是在双碳的约束下提高能源的自给率和对周边区域能源的支持度，落脚点是大力发展新能源。通过大力发展风电、太阳能发电和核电，来大规模建设风光火核储一体化能源基地。只有大力发展风电、太阳能发电和核电，大规模建设风光火核储一体化能源基地，才能实现能源供给的本地化，大幅减少对进口能源及化石能源的依赖，并有力支撑周边区域的能源发展，保障辽宁关键产业不受能源供给的影响，打牢辽宁维护产业安全和国防安全的能源基础。与此同时，随着发达国家不断提高碳关税，中国工业品面临着越来越高的市场准入壁垒，辽宁加快发展新能源产业，不断为传统行业赋予绿色能源，可以降低辽宁传统行业产品的含碳量，故它是维护产业安全的重要途径。

1.4　新能源产业正处于调整阶段，是辽宁加快发展新能源产业的难得机遇

宏观上看，中国新能源产业经过十余年的高速增长，正进入一个调整阶段。一方面，随着大量资本的涌入和产能的扩大，新能源装备（风电、光伏）、电动汽车先后陷入激烈的价格“内卷”之中；另一方面，新型光伏组件转换效率、风机规模屡创纪录，各类新型储能技术不断涌现，新能源产业

进入重塑的重要机遇期。短期来看，中国廉价的新能源产品，面对欧美本土供应链保护政策，出口时面临较大的不确定性风险；长远来看，完善新能源产业链，培育新质生产力，才是中国新能源产业正确的发展道路。

聚焦辽宁，新能源装机方面落后于全国平均水平。2022年，辽宁风电装机容量排在全国第11位，增速排在全国第18位，低于全国3.3个百分点；太阳能发电装机容量排在全国第19位，增速排在全国第16位，低于全国2.3个百分点。新能源汽车方面，辽宁2023年新能源汽车产量为13万辆，排在全国第13位，大约为广东的1/20。储能方面，新能源承诺配建储能，但建设缓慢，独立储能电站示范工程迟迟未有实质性进展，氢能存储和转换技术仍处于项目论证阶段。辽宁本土的光伏、风电、新能源汽车、储能、氢能等相关领域的装备制造企业，均未进入行业前10。

总体来看，除浙江、江苏、上海、广东、安徽和江西6个省市形成新能源产业集群外，中国其他省市新能源产业尚未发生明显的集群现象。但面对新能源产业进入调整期的机遇，国内各省市都在全力布局。2024年初，北京提出对新能源汽车、智能网联汽车、氢能等进行全面支持，推动氢能和氢燃料电池、新型储能等技术的研发与产业化，打造绿色智慧能源研发创新高地；内蒙古力争在能源重大项目上完成投资3 360亿元，在新能源装备制造方面完成投资1 000亿元，使新能源装机达到1.35亿千瓦；河南提出积极打造氢能装备和储能装备；贵州提出加快壮大新能源电池及材料产业，大力发展新能源汽车，打造新能源电池材料集群，力争到2027年使集群规模突破5 000亿元等。

辽宁省曾经在新能源产业的发展中错失先机。但此次辽宁省若能利用好新能源建设和发展的后发优势，全面切入、培养新的新能源产业发展主体，有望形成新能源产业新质生产力集群，从而助力辽宁实现全面振兴。

第2章
辽宁大力发展新能源产业的时代背景

2.1 国际格局加大能源领域风险，新能源产业发展处于重要历史机遇期

（1）国际格局深刻调整加大能源领域风险

当今世界正经历百年未有之大变局，国际力量对比发生深刻变化。大国博弈风起云涌，国际社会形势日趋复杂，加剧全球能源市场震荡，对国际能源供应产生显著影响。民族主义和逆全球化带来较大的生产和贸易风险，严重影响能源贸易的安全性。俄乌冲突、中东动荡、美西方制裁等事件频出，导致全球能源供需矛盾进一步加剧。

首先，俄乌冲突、中东动荡，使能源市场存在供应中断的风险。俄乌冲突作为近年来影响全球能源市场的重要事件之一，对国际能源供应产生了深远的影响。俄罗斯作为全球重要的能源出口国，其石油和天然气在全球市场中占据重要地位。然而，俄乌冲突爆发后，欧美国家对俄罗斯实施了全面的制裁，包括能源领域，导致全球能源市场出现剧烈波动。油气价格飙升，不仅进一步导致了对能源进口国家的依赖，还影响了全球经济的复苏。此外，俄罗斯能源出口的中断也迫使许多国家寻找替代能源来源，从而进一步加剧了全球能源市场的紧张局势。

中东地区的动荡对全球能源市场产生了显著影响。中东地区作为全球石油和天然气的主要生产地之一，其局势的稳定性直接关系到全球能源供应的安全性。然而，长期以来，中东地区一直饱受战乱和冲突之苦，导致能源生产和出口受到严重影响。例如，伊朗与以色列之间的紧张关系以及巴以冲突的升级，都曾引发市场对中东能源供应中断的担忧，进而推高了国际油价。这种不确定性不仅加剧了全球能源市场的波动，还为投资者平添了避险情绪，导致资本流向更为安全的资产。

由于冲突地区的交通和物流受到影响，全球能源供应链遭遇了中断和延

迟，这导致依赖跨境贸易的企业面临生产停滞、供应短缺和成本上升等问题。俄乌冲突导致俄罗斯能源供应的不确定性，包括海运通道的安全性问题，以及潜在的制裁措施对能源出口的影响。同样，中东地区政局不稳，对石油的生产与运输存在明显的影响，这使全球范围内的能源供应存在中断的风险。

其次，国际局势使能源价格存在巨大波动，使得市场难以预测未来的价格走势，加之碳达峰、碳中和行动引发了化石能源投资意愿低迷，增加了投资者和消费者的决策难度。俄乌冲突导致全球能源市场不稳定、供应减少和不确定性增加，特别是石油和天然气价格的大幅波动。例如，布伦特原油价格在冲突爆发后一度突破每桶100美元的关口，甚至达到每桶139美元的高点，天然气价格也大幅上涨。这种价格波动对全球能源市场产生了深远的影响，推动了能源成本的上升，加大了全球通货膨胀的压力。

最后，国际局势促进替代能源需求增长，产业链、供应链重构存在巨大的不确定性。当传统能源供应受到威胁时，各国可能会加速转向可再生能源和其他替代能源。这不仅需要巨大的投资来建立基础设施，还可能带来产业链、供应链上的挑战，尤其是依赖特定技术或材料的新能源项目。地区冲突使得能源安全问题成为全球关注的焦点，各国开始重新审视自己的能源供应策略，以寻求更为稳定和可靠的能源来源。

国际能源署在2023年初发布的《世界能源展望》报告中指出，这是第一次真正意义上的全球性能源危机，冲击的广度和复杂性前所未有。

（2）全球新能源产业发展处于重要历史时期

英国《经济学人》分析指出，大多数国家已于2023年采取措施，短期内加大针对传统化石能源的投资，以确保能源供应安全；同时采取长期措施，调整国家主导产业政策，加速可再生能源的发展。国际能源署署长法提赫·比罗尔指出，在全球能源紧张的情况下，各国都在提升本土能源安全水平，未来5年内，全球可再生能源装机有望超过过去20年的装机总和。

目前，全球主要经济体纷纷采取行动，将气候变化、能源安全和产业政策纳入更广泛的经济战略中，展现出可再生能源蓬勃发展的势头。无论是美国的《通胀削减法案》、欧盟的REPowerEU计划，还是日本的绿色转型计划，无一不显示出政府对新能源的支持。

2022年8月16日，时任美国总统拜登在白宫签署了《通胀削减法案》(Inflation Reduction Act，IRA)。该法案实施两年以来，已推动超过330个重要的清洁能源和清洁汽车项目启动，为美国经济注入了活力。在新能源领域，电动汽车和电池制造业尤为显著。在152个项目中，电动汽车及相关领域的投资超过810亿美元，凸显了地方政府和企业在推动新能源转型中的积极作用。

2022年5月，欧盟委员会启动了欧盟可再生能源计划REPowerEU，以应对俄乌冲突后出现的欧洲能源危机。实施该计划的主要目标是节约能源，实现能源供应的多样化，并为欧盟提供更多清洁能源。欧盟表示，通过共同努力，欧洲不仅大大减少了对能源进口的依赖，还加快了向清洁能源的转型，稳定了能源价格。在之后的2年时间里，天然气消费降低了18%。同时，进一步减少了对俄罗斯进口化石燃料的依赖，例如，天然气进口量从2021年的1500亿立方米降至2024年的520亿立方米，进口占比从45%下降到了19%；欧盟面向俄罗斯的煤炭进口实施全面禁止，石油进口占比从2022年初的27%降至2024年的3%。目前，欧盟可再生能源生产已实现超预期增长。2022年以来，欧盟风电量和太阳能发电量已超过气电量。2023年，欧盟地区仅风力发电量就超过了天然气。2024年，欧盟太阳能发电量占比首次超过煤炭。2024年，欧盟新增太阳能装机容量近66吉瓦，继2023年新增63吉瓦之后再破纪录。另据欧洲风能协会（Wind Europe）的估算，欧盟2024年新增风电装机容量达13吉瓦，总装机量也从2021年的188吉瓦提升到了2024年的231吉瓦。

2023年2月10日，日本内阁会议通过了《实现绿色转型（GX，Green Transformation）的基本方针——展望今后10年的路线图》，描绘了2030年温室气体减排的目标和2050年碳中和目标的实现路径。这份路线图涵盖了多个方面，包括政策、法规、碳定价、补贴、信息披露和融资机制等，旨在支持可再生能源、核能、液化天然气、能源效率等的转型。路线图勾勒出日本通过绿色转型实现气候变化应对并兼顾经济发展等相关目标与路径。

世界已进入技术新时代，从亚洲、欧洲到北美，全球主要经济体纷纷加大对新能源技术的研发力度，以便在新能源经济中获得竞争优势。同时，全球新能源投资仍高度集中于中国和欧美发达国家；受到资金、技术等因素制约，大量发展中国家在新能源领域投资力度不足。

根据国际能源署的预测，到2027年，可再生能源将改变全球电力结构，成为最大的电力来源，占比将达到38%；在2022年至2027年期间，全球太阳能光伏累计装机容量将增长近两倍，到2026年将超过天然气，到2027年将超过煤炭，见图2-1、图2-2、图2-3。

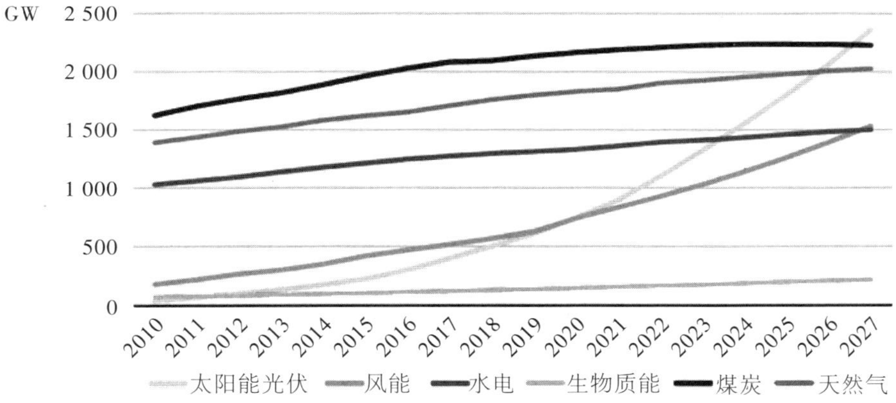

图2-1　2010—2027年按技术划分的累计电力容量份额

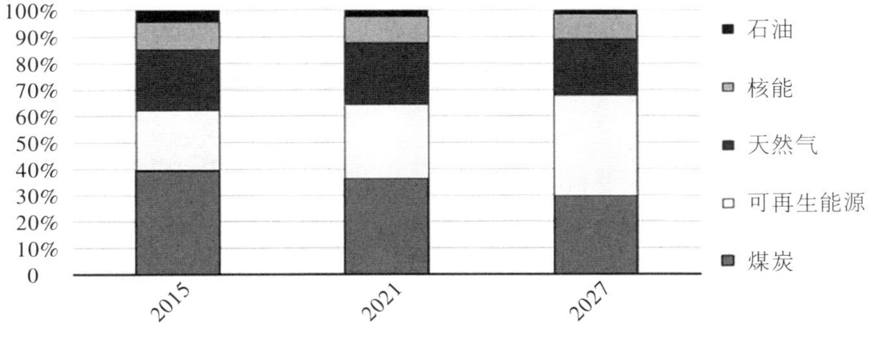

图2-2　2015年、2021年、2027年不同来源在全球发电量中的占比

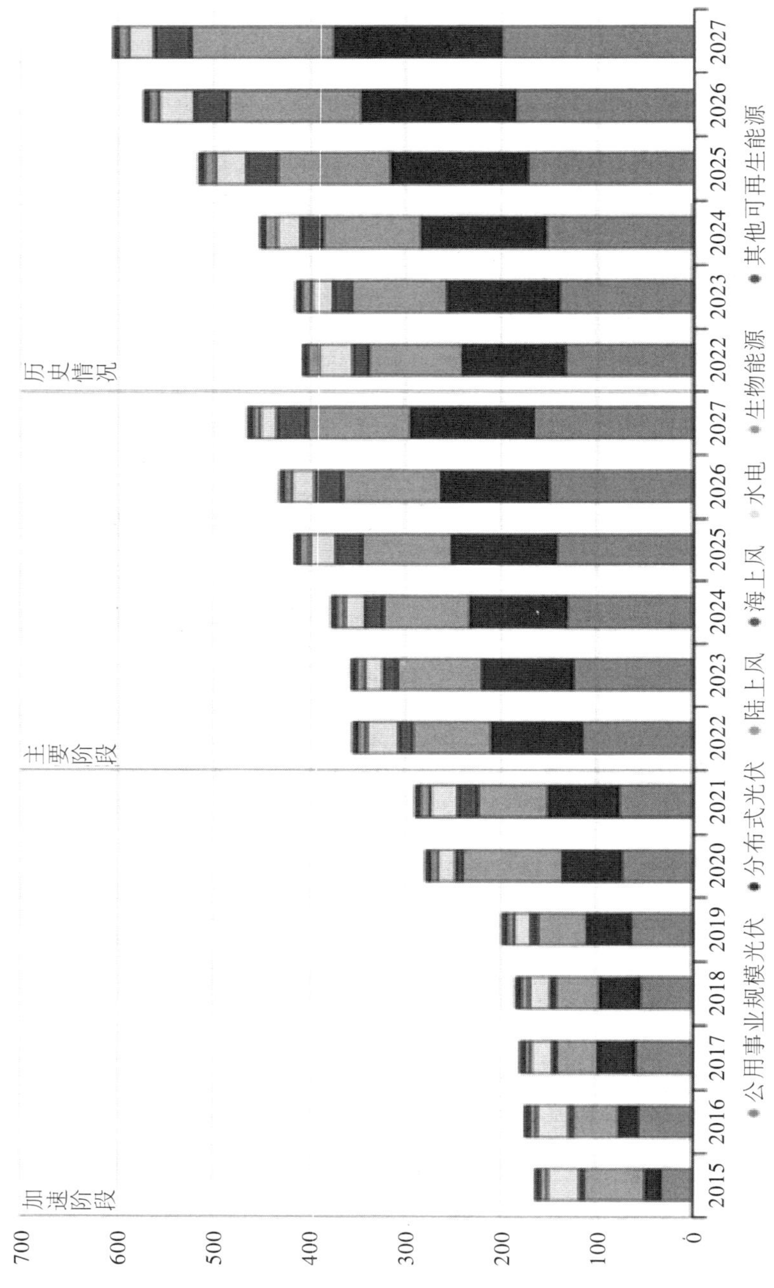

图 2-3　2015—2027 年按技术分类的可再生能源年净增量（主要和加速情景）

2.2　“双碳”格局下，大力发展新能源产业势在必行

大力发展可再生能源是促进能源转型，保证能源安全与降低碳排放最重要的一环。2021年“双碳”目标的提出进一步确立了新能源产业在电力系统与整个能源产业升级转型中的关键性地位，对新能源产业的发展壮大也有着更为迫切的需要，新能源产业将进一步向更大规模发展。“十四五”期间是我国新能源产业迈向高质量发展新阶段的关键时期，政府出台了一系列相关规划明确了可再生能源发展目标。《2030年前碳达峰行动方案》中明确2030年风电和太阳能发电总装机容量达到12亿千瓦以上；2022年6月发布的《“十四五”可再生能源发展规划》指出，到2025年可再生能源年发电量达到3.3万亿千瓦时左右，风光发电量实现翻倍，可再生能源发电量增量占全社会用电量增量比重超过50%，实现向电力消费增量主体转变，风、光发电占比要达到16.5%左右。

总体而言，随着技术的进步，行业平价上网历史性拐点到来，新能源产业发展空间进一步扩大。但同时，新能源产业的高质量发展也面临风、光高比例消纳问题难解，电力系统稳定性、可靠性有待提高，面向产业化的关键技术亟需创新，电力系统需要标准化等诸多艰巨的挑战。同时，生物质能、光热、新型储能等新能源产业依然面临着产业规模小、技术成熟度低，经济成本高等问题，仍需要政策的大力扶持。如生物质能的成本下降曲线存在物理空间距离与生物质能能量密度的约束；光热技术由于建设技术限制，其成本下降曲线趋缓；地热能存在资源与技术双重约束；潮汐能、氢能等技术仍未进入产业化初期。

未来中国经济和社会发展仍需要高质量的能源保障，以助力实现第二个百年奋斗目标和全面建成社会主义现代化强国目标。但是，我国对传统化石

能源的依赖性仍然很强，并需要大量进口，随着地缘政治冲突与国际环境的变化，能源安全问题凸显。

（1）我国能源生产情况

根据国家统计局的数据，2014年至2023年的10年间，我国一次能源生产总量稳步上升，能源生产结构发生明显变化。能源生产以原煤为主，占比从73.5%下降至66.6%，仍占据绝对主导位置。原油生产占比从8.3%下降至6.2%，天然气生产占比从4.7%上升至6.0%，一次电力及其他能源生产占比从13.5%上升至21.2%，增长趋势较为明显，说明我国在清洁能源生产方面的比重在逐渐提升，见表2-1、图2-4。

表2-1　　我国2014年至2023年一次能源生产情况

指标	一次能源生产总量（万吨标准煤）	原煤占一次能源生产总量的比重（%）	原油占一次能源生产总量的比重（%）	天然气占一次能源生产总量的比重（%）	一次电力及其他能源占一次能源生产总量的比重（%）
2014年	362 212	73.5	8.3	4.7	13.5
2015年	362 193	72.2	8.5	4.8	14.5
2016年	345 954	69.8	8.3	5.2	16.7
2017年	358 867	69.6	7.6	5.4	17.4
2018年	378 859	69.2	7.2	5.4	18.2
2019年	397 317	68.5	6.9	5.6	19.0
2020年	407 295	67.5	6.8	6.0	19.7
2021年	427 115	66.7	6.7	6.0	20.6
2022年	463 808	67.2	6.3	5.9	20.6
2023年	483 000	66.6	6.2	6.0	21.2

注：电力折算标准煤的系数根据当年平均发电煤耗计算。

数据来源：根据国家统计局网站的相关数据整理。

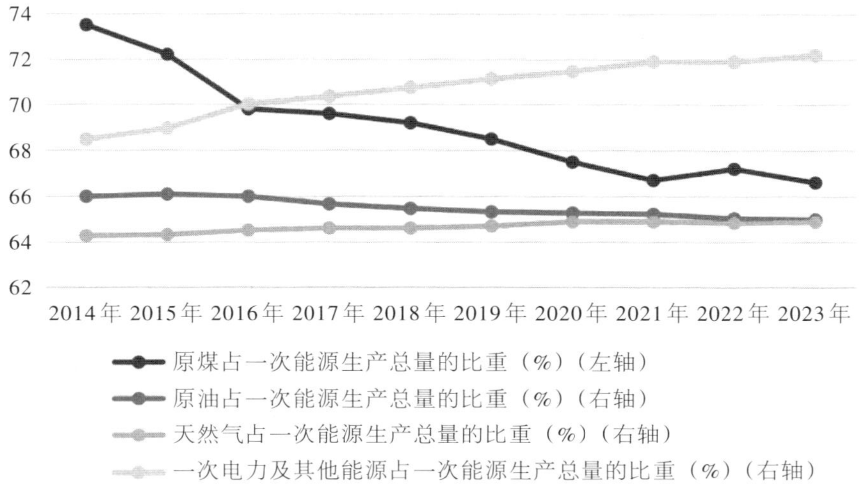

图2-4 我国2014年至2023年一次能源生产占比变化趋势

资料来源：根据国家统计局网站的相关数据整理。

（2）我国能源消费情况

根据国家统计局的数据，2014年至2023年的10年间，我国能源消费总量持续上升，消费结构也变化明显。能源消费中，煤炭消费占比持续降低，2014年为65.8%，2023年降至55.3%，但仍占据半壁江山。石油消费占比较为稳定，2015年以来均维持在18%～19%之间，天然气、一次电力及其他能源消费占比逐渐提升，尤其是一次电力及其他能源消费占比，2023年已经达到17.9%，说明我国在能源消费绿色转型方面取得了较明显的成就，参见表2-2。

（3）我国能源平衡情况

根据国家统计局的数据，我国综合能源平衡情况见表2-3，可以发现，我国能源生产量远低于能源消费量，存在较大的缺口，需要依赖国外。同时，我国能源消费主体为工业领域，这与我国总体的产业结构密切相关。

表2-2　　我国2014年至2023年能源消费情况

指标	能源消费总量（万吨标准煤）	煤炭占能源消费总量的比重（%）	石油占能源消费总量的比重（%）	天然气占能源消费总量的比重（%）	一次电力及其他能源占能源总量的比重（%）
2014年	428 334	65.8	17.3	5.6	11.3
2015年	434 113	63.8	18.4	5.8	12.0
2016年	441 492	62.2	18.7	6.1	13.0
2017年	455 827	60.6	18.9	6.9	13.6
2018年	471 925	59.0	18.9	7.6	14.5
2019年	487 488	57.7	19.0	8.0	15.3
2020年	498 314	56.9	18.8	8.4	15.9
2021年	525 896	55.9	18.6	8.8	16.7
2022年	540 956	56.0	18.0	8.4	17.6
2023年	572 000	55.3	18.3	8.5	17.9

资料来源：根据国家统计局网站的相关数据整理。

表2-3　　我国综合能源平衡情况　　单位：万吨标准煤

指标	能源消费总量	一次能源生产总量	进口量	工业消费总量
2014年	428 334	362 212	78 027	298 449
2015年	434 113	362 193	77 695	295 953
2016年	441 492	345 954	90 235	295 615
2017年	455 827	358 867	100 039	302 308
2018年	471 925	378 859	110 787	311 151
2019年	487 488	397 317	119 064	322 503
2020年	498 314	407 295	124 805	332 625
2021年	525 896	427 115	124 807	348 551
2022年	540 956	463 808	120 236	363 782

资料来源：根据国家统计局网站的相关数据整理。

我国能源平衡情况的具体分析见表2-4，我国能源生产量占消费总量的比重近年来一直维持在80%左右，进口量维持在20%左右，且有上升的趋势。我国能源消费的第一大户为工业，占比一直接近70%。因此，为了维持我国庞大的工业生产体系，能源供应的安全稳定至关重要。

表2-4　**我国综合能源平衡情况具体分析**　单位：%

指标	一次能源生产量占能源消费总量比重	能源进口量占能源消费总量的比重	工业消费量占能源消费总量的比重
2014年	84.6	16.3	69.7
2015年	83.4	15.6	68.2
2016年	78.4	17.7	67.0
2017年	78.7	19.2	66.3
2018年	80.3	20.6	65.9
2019年	81.5	21.5	66.2
2020年	81.7	22.5	66.8
2021年	81.2	21.2	66.3
2022年	85.7	20.0	67.2

资料来源：根据国家统计局网站的相关数据整理。

我国经济社会发展，对能源的需求量巨大，但我国能源供应对国外的依存度较高，随着国际局势的日趋动荡，能源安全问题日益突出。习近平总书记强调，"能源安全是关系国家经济社会发展的全局性、战略性问题，对国家繁荣发展、人民生活改善、社会长治久安至关重要"，并提出了"四个革命、一个合作"的能源安全新战略。2018年9月，习近平总书记主持召开深入推进东北振兴座谈会时，提出了"五大安全"的论述，把能源安全上升到与粮食安全一样的战略高度。2021年10月，习近平总书记在视察胜利油田时指出，“能源的饭碗必须端在自己手里”。未来保障能源稳定供应、推进绿色低碳发展依然任重道远，需要更好地统筹能源发展与能源安全。2023年9月6日至8日，习近平总书记赴黑龙江考察，在哈尔滨召开的座谈会（新时代推动东北全面振兴座谈会）上，再次明确指出：“牢牢把握东北在维护国家‘五大安全’中的重要使命。”2023年10月27日，中共中央政治局召开会议，审议《关于进一步推动新时代东北全面振兴取得新突破若干政策措施的意见》。会议提出，要加快发展风电、光电、核电等清洁能源，建设风光火核储一体化能源基地，国家对东北在维护能源安全领域的要求十分明确，也进一步说明能源安全对于我国经济社会发展的重要作用。随着我国经济社会发展对能源需求的不断提高，传统化石能源替代是大势所趋。因此，维护我国能源安全、大力发展新能源产业势在必行。

2.3 辽宁节能降碳任务艰巨，“双碳”战略助推新能源产业快速发展

辽宁是老工业基地，尤其是重工业基础雄厚，因此能耗也相对较大，减碳增效压力巨大。从行业视角看，钢铁、化工、建材、发电、交通、供暖等领域，是碳排放的主要来源，但究其根本，碳排放的主要来源是化石能源。辽宁目前的能源消耗仍以煤炭、石油为主，根据《辽宁统计年鉴（2022）》的数据，2012—2021年一次能源消费中，煤炭和石油消费占比由92.9%降至81.6%，仍占据绝对主导位置，节能降碳减排的任务仍旧艰巨。

为了实现“双碳”目标，国家层面相继出台了相关指导性文件与规划，

例如，2021年3月11日，十三届全国人大四次会议发布《中华人民共和国国民经济和社会发展第十四个五年规划和2035年远景目标纲要》；2021年9月22日，中共中央国务院出台了《关于完整准确全面贯彻新发展理念做好碳达峰碳中和工作的意见》；2022年1月30日，国家发展改革委国家能源局出台了《关于完善能源绿色低碳转型体制机制和政策措施的意见》，对完善能源绿色低碳转型的体制机制和政策措施做了系统部署。

辽宁省在国家指导性文件框架内，也陆续出台了相关文件与规划，如辽宁省"十四五"规划提出2028年左右实现碳达峰，到2025年，非化石能源装机占比超过50%，到2030年，非化石能源发电量占比超过50%。辽宁省人民政府发布的《辽宁省"十四五"节能减排综合工作方案》指出，到2025年，全省单位地区生产总值能耗比2020年下降14.5%，非化石能源占能源消费总量的比重达到13.7%左右。辽宁省"十四五"能源发展规划，也对辽宁省能源供应总量、非化石能源的发展趋势、单位生产总值能耗等指标进行了规划，这些都为辽宁省节能减排、实现"双碳"目标指明了方向，也为辽宁大力发展新能源产业奠定了制度基础。

另外，辽宁电力保障能力有待提升，也需要大力发展新能源产业。2024年7月4日，国网辽宁省电力有限公司党委副书记、总经理唐如海在辽宁省政府新闻办召开的"推动企业高质量发展"主题系列（第9场）新闻发布会上介绍，辽宁省2004年夏季最大用电负荷将达到3 950万千瓦，较上年同期增长247万千瓦，辽宁电网最大供电能力为4 167万千瓦，扣除200万千瓦事故备用后，较最大用电负荷略有盈余，电力供需处于近平衡状态。

当前，辽宁新能源发展迅猛，2023年全省新能源装机新增613万千瓦，超过前3年新增总和。2024年新能源装机还将新增844万千瓦，届时新能源装机占比将达到38.7%，清洁能源装机占比达到53.5%。国网辽宁电力积极配合政府研究制订《加快规划建设新型能源体系实施方案》，推动全省风光、核电、抽蓄等六大千万千瓦级基地的建设，服务辽宁向"绿"而行、向

“新”发力。至2025年，全省新能源装机新增1 800万千瓦。

此外，国网辽宁电力超前开展“十五五”电网规划，结合辽西北陆上风光、辽东南海上风电、大型核电和抽水蓄能的规划布点，深入研究“海陆一体化”电网规划、辽西辽中清洁能源输电通道建设方案等重大课题，确保到2030年底，辽宁省新能源装机突破6 500万千瓦、清洁能源装机突破8 000万千瓦。

“十四五”时期是实现碳达峰的关键期、窗口期，清洁能源发电全面进入平价上网时代，新能源得到大规模、高比例、高质量发展，其逐步从能源革命生力军成长为主力军，“煤改电”、“煤改气”、电动汽车、大规模储能等清洁能源产业稳步壮大，煤炭超低排放机组得到大范围推广，成品油质量升级行动加快推进，为“十四五”时期我国加快发展绿色低碳能源、推动化石能源的清洁高效利用、推进生态文明建设、履行国际承诺提供了有力支撑。

碳达峰、碳中和目标是我国对国际社会的庄严承诺，并纳入了国家生态文明建设整体布局。对标国际一流国内先进水平，我省能源结构仍不合理，需构建现代能源体系，超前布局风电和太阳能发电，安全稳妥发展核电，加快抽水蓄能电站建设，适度发展火电，推动清洁能源跨越式发展。

2.4 新能源汽车等产业进入爆发阶段，新能源产业红利形成

化石能源的核心是开采，依赖资源禀赋；而新能源的本质是制造，靠的是技术创新引领。新能源产业链涵盖研发、制造、施工、运行等各环节，既包括上游的新能源零部件及装备制造企业，也包括中游的整机厂商和系统集成商，还包括下游的投资运营商以及新能源销售、应用企业等。新能源行业产业链长、覆盖面广，其不仅会对产业链上的企业，还会对与新能源相关的其他行业产生较大的推动力，能够吸引各路资本纷纷布局新

能源制造加工领域，押注前端技术开发与系统集成，以获得全产业链发展的优势。在全球能源变革的推动下，一场气势磅礴、深刻剧烈的产业革命正席卷世界，新能源的大赛道、大产业、大生态集群，正带动船舶、钢铁、石油、汽车、化工等一大批产业实现重大转型，赋能澎湃动力，重塑经济格局。

目前，新能源汽车产业进入爆发阶段，新能源汽车产业红利正在快速形成。据中国汽车工业协会的数据，2024年，我国汽车产销量分别为3 128.2万辆和3 143.6万辆，同比分别增长3.7%和4.5%。其中，新能源汽车产销量分别为1 288.8万辆和1 286.6万辆，同比分别增长34.4%和35.5%。这种增长不仅体现了消费者对新能源汽车需求的增加，也反映了新能源汽车技术的进步和政策支持的积极影响。中国新能源汽车的产销量连续10年位居全球第一，显示出中国在全球新能源汽车市场中的重要地位。中国新能源整车与电池行业集中度持续提升，比亚迪、特斯拉新能源汽车销售合计占比超过40%，其他如上汽通用、奇瑞等主机厂公司也均有供货，宁德时代、比亚迪、国轩高科合计占有超过75%的国内电池装机量份额，头部效应明显。新能源汽车行业龙头企业在技术实力、产品质量、品牌声誉、市场认可度方面均有明显优势。

2024年，我国新能源汽车行业市场竞争格局见表2–5、图2–5。

表2–5　　2024年中国新能源汽车行业市场竞争格局情况

排名	品牌	2024年销量（万辆）	市场份额	核心备注
1	比亚迪	371.83	34.10%	纯电与插混双线领跑，秦PLUS、海鸥等车型贡献超40%
2	吉利汽车	86.29	7.90%	极氪001等新能源车型带动增长，出口占比提升

续表

排名	品牌	2024年销量（万辆）	市场份额	核心备注
3	特斯拉中国	65.71	6.00%	Model Y占品牌总销量的比重超70%
4	上汽通用五菱	64.7	5.90%	宏光MINI、缤果等微型车持续领先
5	长安汽车	62.23	5.70%	深蓝、Lumin等新能源车型占比提升
6	理想汽车	50.05	4.60%	理想L6成30万元内爆款，家庭用户渗透率高居第一
7	奇瑞汽车	43.26	4.00%	出口占比超60%，海外市场贡献显著
8	赛力斯汽车	38.6	3.50%	问界系列占品牌总销量的比重超90%
9	广汽埃安	36.7	3.40%	前十名中唯一的负增长品牌
10	长城汽车	29.2	2.70%	新能源转型进度落后于同行

资料来源：作者根据公开资料整理。

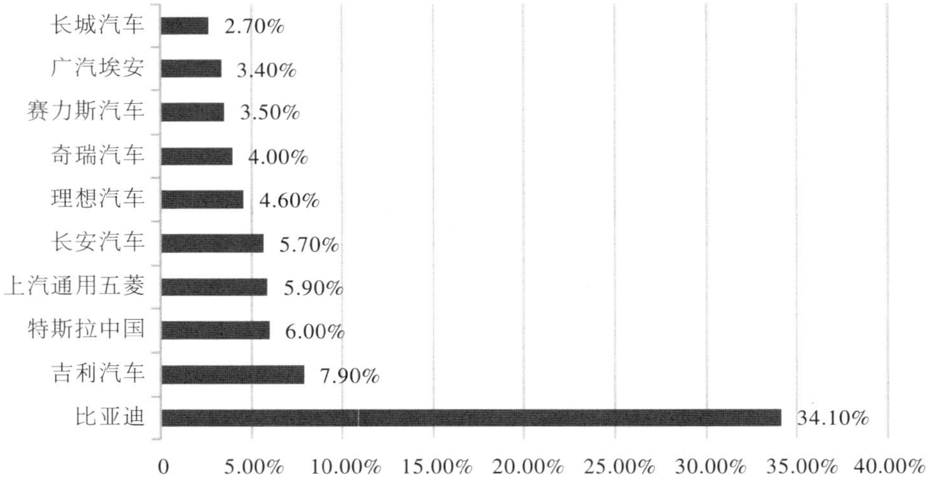

图2-5　2024年中国新能源汽车行业市场竞争格局

资料来源：作者根据公开资料整理。

近年来，新能源产业所涉及的上游原材料、中游零部件以及下游整车及服务，对于区域经济的发展起到了非常重要的推动作用，我国已基本形成完整的新能源汽车产业链，如图2-6所示。

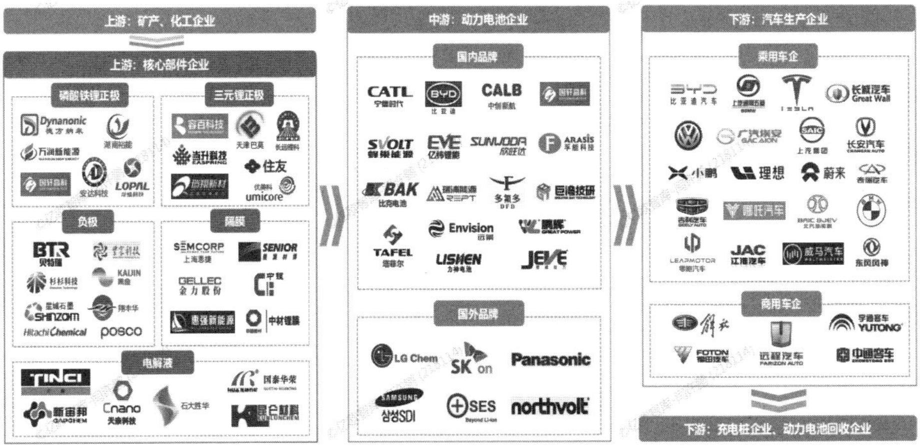

图2-6 新能源产业相关企业

新能源产业生态、政府引导投资力度以及新兴领域发展速度等因素都极大地带动了地方经济发展。传统一线城市北上广深在不遗余力发展新能源产业，苏州、杭州甚至常州等城市通过大力发展新能源产业，城市综合实力提升极其显著，见表2-6。新能源产业布局，可能会重塑区域发展格局。

表2-6 新能源城市排行榜

序号	城市	综合指数	产业生态完善程度	政府引导投资力度	新兴领域发展速度
1	深圳	96.1	99.4	96.2	92.7
2	上海	94.9	96.4	93.2	95.1

续表

序号	城市	综合指数	产业生态完善程度	政府引导投资力度	新兴领域发展速度
3	广州	93.7	95.2	95.0	90.9
4	北京	92.2	93.3	93.5	89.8
5	苏州	91.6	92.3	92.5	90.0
6	杭州	90.4	89.4	93.2	88.6
7	成都	89.4	88.8	88.6	90.8
8	宁波	87.2	86.7	86.5	88.4
9	合肥	86.1	84.0	90.0	84.3
10	常州	85.4	82.0	90.2	84.0

第3章
辽宁大力发展新能源产业的重大意义

3.1　助力辽宁出色完成能源安全使命

自20世纪八九十年代以来，世界能源需求因工业化加速、人口增长及新兴经济体崛起而持续攀升。与此同时，能源的开发和利用也伴生了巨大的生态环境破坏，能源金融属性增强背景下能源价格大幅波动又大大地加剧了经济风险，能源安全问题愈发引起关注。基于能源安全问题产生的原因和出现环节的不同，国内外文献主要从供给连续性、价格可承受性、环境社会友好性和需求合理性四个层面来诠释能源安全。

第一个层面的能源安全着重强调能源供给的连续性。自能源安全问题出现以来，这始终是能源安全的核心。许多机构或学者（Wright，2009；Winzer，2011）将能源安全定义为“能源供给连续、不中断”“能源供给连续地保障能源需求的能力”“能源供给中新的风险很低”。如果能源供给发生中断，就意味着能源不安全。该定义侧重于能源商品的供给连续性，被广泛应用于技术层面的能源供给可靠性分析。

第二个层面的能源安全加入了对能源价格的考虑，强调价格的可承受性。Yergins（1988）指出，能源安全的目标是“在合理的价格下，通过不损害国家主要价值和目标的方式，确保能源充分、可靠的供给”。国际能源署（International Energy Agency，IEA）（2001）将能源安全定义为“在可承受的价格水平下可获得的供给对需求的满足程度”。Mabro（2008）认为“当能源供给减少或某些地区供给中断导致能源价格突然显著增加且持续较长时间时即为能源不安全”。该定义既能够很好地刻画市场化程度较高情形下价格信号反映出的能源安全问题，又可以刻画供给中断与价格波动相关性不强情形下的能源安全问题。

第三个层面的能源安全进一步考虑了能源开发和利用过程带来的外部性

问题，即对生态环境的破坏。张雷（2001）认为国家能源安全应兼顾“量”和“质”的要求，前者强调能源供应的稳定性（经济安全性），是指满足国家生存与发展正常需求的能源供应保障的稳定程度，后者强调能源使用的安全性，是指能源使用不应对人类自身的生存与发展环境构成任何威胁。Intharak et al（2007）将能源安全定义为“一个经济体能够以合理的价格适时地、可持续地而且不会对经济社会造成伤害的方式获得足够的能源供给的能力”，其中可持续性强调对生态环境的影响，即今天的能源开发和利用不能以损害未来子孙们的生存空间为代价。

第四个层面的能源安全考虑了能源需求规模过大、增长过快导致供给难以有效满足的情形，强调能源需求本身的合理性。张新安、张迎新（2010）指出过度的能源需求已成为影响中国能源安全的重要因素。韩文科（2010）认为能源安全状态应包含三点：合理（增长）的能源需求；满足需求的持续、多元化的供应保障能力；经济和社会可承受的能源价格和生态环境成本。Leung（2011）在讨论中国能源安全问题时指出基于需求侧的能源安全分析同基于供给侧的能源安全分析同样重要，该定义认为需求层面因素也会显著影响能源安全，从而强调合理用能以及高效用能对保障能源安全的重要意义。

基于上述讨论，“能源安全”可定义为：一个国家持续地获取足量、经济、清洁的能源供给以满足合理的能源需求，从而保障经济社会平稳运行和可持续发展的能力或状态。

辽宁是工业大省，更是能源消费大省。辽宁能源自给率严重不足，煤炭、石油等一次能源生产量占能源消费量的比例从2012年的28.7%下降至2021年的23.4%，进口量占比均值26%左右，其余则为外省（区）的纯调入，占比50%左右。即辽宁超过70%的能源消费需要依赖区域外部。在此背景下，辽宁大力发展新能源产业，提升能源的供给水平，一方面是保障辽宁自身经济社会发展的迫切需要，另一方面也是维护国家能源安全的重要保障。

首先，新能源在一定程度上具有资源自主性。通过大力发展以风能、太阳能、核能等为代表的新能源，可以大大降低对传统化石能源的使用，改善能源消费结构，提高能源供应的自给率，减少对外的能源依赖。近年来，辽宁在能源装备、风电、光伏、核电以及氢能、储能等领域快速发展，大力发展新能源产业，是保障能源供给连续性的重要手段。

其次，经过近些年的发展，风电、光伏等新能源的成本已接近甚至低于传统煤电的成本，随着新技术的不断涌现，新能源价格显示出巨大的经济性优势。目前我国已成为全球最大的光伏生产制造国，是世界上主要的风电制造产业大国。我国蕴含着丰富的太阳能、风能资源，大力发展新能源产业，逐步替代传统化石能源，已经具备一定的基础和优势。2022年第五届中国国际光伏产业高峰论坛上，通威集团董事局主席刘汉元表示，我国光伏发电成本已降到0.3元/kWh以内，预计“十四五”期间降到0.25元/kWh以下，价格低于绝大部分煤电。我们仅需要西部地区总面积的1%~2%发展可再生能源，即可支撑“双碳”目标下我国未来一次能源消费的大部分生产和供应。

从图3-1可以看出，我国风电和光伏的基准电价保持在0.2~0.4元/kWh区间，和煤炭发电成本基本持平，在某些地区甚至要低于煤炭发电。新能源展示出明显的价格经济性，大力发展以风电、光伏为代表的新能源，逐渐替代火电等传统能源，对降低我国经济社会发展成本，维护国家能源安全具有重要的意义。

再次，辽宁是工业大省，更是能源消费大省。以钢铁、冶金、建材、石化等为代表的重化工业是辽宁的工业主体，煤炭、石油等传统化石能源的消费量巨大，同时能源利用效率不高，带来的后果就是碳排放强度偏高，对环境造成压力。在“双碳”目标下，辽宁要打造“数字辽宁、智造强省”，一方面要调整产业结构，走数字化、智能化发展道路，降低化石能源消费比

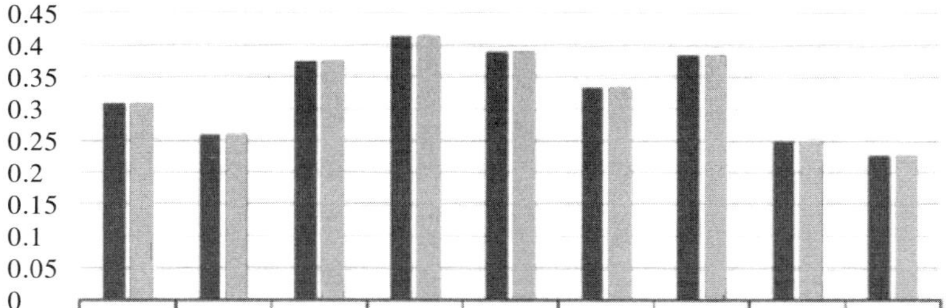

	甘肃	宁夏	黑龙江	上海	江苏	山西	安徽	西藏	青海
风电：千瓦/时	0.307	0.259	0.374	0.415	0.391	0.332	0.334	0.25	0.227
光伏：千瓦/时	0.307	0.259	0.374	0.415	0.391	0.332	0.334	0.25	0.227

图3-1　风电光伏平价地区基准电价

资料来源：作者根据公开数据整理。

例，提高能源利用效率；另一方面则要提升清洁能源消费比例，调整能源消费结构。因此，大力发展新能源产业，提升新能源消费数量，是促进环境友好，维护能源安全的重要手段。

最后，近年来，辽宁工业生产总值在经济结构中占比一直超过30%，并且以钢铁、石化、建材、船舶、航空等重化工业为代表的产业构成了辽宁工业的主体，对传统化石能源需求量巨大，由此引发的能源供应风险与碳排放较高的问题应引起高度重视。产业结构与能源需求结构高度关联、相辅相成。辽宁省能源最终消耗主体是工业领域，十余年来占比一直在70%左右，2021年工业领域能源消费量占比达到72%，且仍以煤炭、石油等化石能源消费为主。如果不能尽快调整产业结构，提升能源使用效率，进而调整能源消费结构，那么就不会改变辽宁能源对外依存度过高的现状，在能源需求端将会产生持续的能源风险问题。同时，伴随着辽宁新能源产业的快速发展，新能源的消纳问题也倒逼能源需求端进行结构调整。因此，科学合理的能源需求与新能源产业的大力发展是相辅相成的，也是促进能源安全的重要一环。大力发展新能源产业促进能源安全的机理，如图3-2所示。

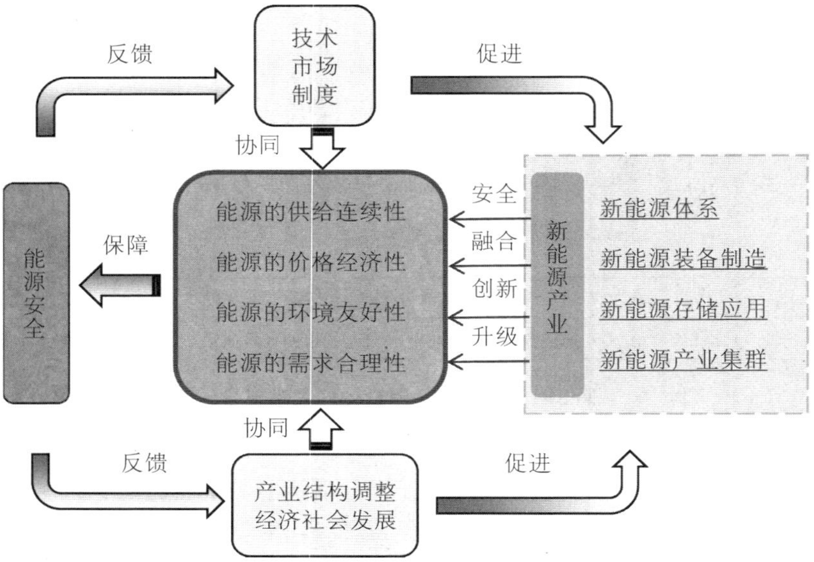

图3-2　大力发展新能源产业促进能源安全的机理示意图

资料来源：作者根据公开数据整理。

3.2　培育辽宁全面振兴关键增长极

近年来，辽宁总体经济规模在全国位次逐渐后移，经济增速一直低于国家总体水平，传统的工业大省优势不再明显。辽宁经济发展动力不足的问题突显，急需新的发展引擎助推辽宁经济再次腾飞。

2024年，辽宁实现地区生产总值32 612.7亿元，位列全国第16位，并且与位列前几位的省份的差距巨大，广东、江苏两省的地区生产总值已经超过14万亿元和13万亿元，山东和浙江也都超过9万亿元。2024年，辽宁工业增加值11 503.3亿元，而排在前列的江苏和广东，工业增加值均超过5.9万亿元和5.4万亿元，浙江和山东分别超过3.6万亿元和3.9万亿元，在工业规模上，辽宁与这些省份相比已经明显落后。部分省份地区生产总值情况见表3–1。

表3–1　**部分省份地区生产总值情况**　单位：亿元

序号	省份	地区生产总值（2024）
1	广东省	141 633.81
2	江苏省	137 008
3	山东省	98 566
4	浙江省	90 100
5	四川省	64 697
6	河南省	63 589.99
7	湖北省	60 012.97
8	福建省	57 761.02
9	上海市	53 926.71
10	湖南省	53 230.99
11	安徽省	50 625
12	北京市	49 843.1
13	河北省	47 526.9
14	陕西省	35 538.77
15	江西省	34 202.47
16	辽宁省	32 612.7

资料来源：作者根据国家统计局公开资料整理。

辽宁三次产业结构见表3–2，即2011年以来，辽宁第一产业与第二产业占比逐渐降低，第三产业占比逐渐提高，但2021年开始，第二产业略有回升势头，总体上辽宁三次产业结构变化趋于稳定。

表 3-2　**辽宁三次产业结构**

年份	生产总值	第一产业	第二产业	第三产业
2011	100.0	10.4	51.8	37.8
2012	100.0	10.5	49.8	39.7
2013	100.0	10.3	47.9	41.8
2014	100.0	10.0	45.1	44.9
2015	100.0	10.2	41.3	48.5
2016	100.0	9.0	38.6	52.4
2017	100.0	8.8	38.4	52.8
2018	100.0	8.6	38.5	52.9
2019	100.0	8.8	38.1	53.1
2020	100.0	9.1	37.4	53.5
2021	100.0	8.9	39.4	51.7
2022	100.0	8.9	40.6	50.5
2023	100.0	8.8	38.8	52.4
2024	100.0	7.9	35.3	56.9

资料来源：作者根据《辽宁统计年鉴》数据整理。

辽宁三次产业贡献率中，第二产业对经济的拉动作用非常明显，尤其是作为老工业基地，辽宁的工业基础雄厚，工业的发展对辽宁经济社会发展的作用尤为明显。辽宁三次产业贡献率见表 3-3。

表 3-3　**辽宁三次产业贡献率**

年份	生产总值	第一产业	第二产业	第三产业
2011	100.0	6.2	61.1	32.7
2012	100.0	5.6	54.3	40.1
2013	100.0	4.5	42.7	52.8

续表

年 份	生产总值	第一产业	第二产业	第三产业
2014	100.0	3.6	46.4	50.0
2015	100.0	12.7	-10.9	98.1
2016	100.0	-33.3	-354.6	487.8
2017	100.0	8.6	30.0	61.5
2018	100.0	5.4	50.5	44.1
2019	100.0	6.9	43.2	49.8
2020	100.0	55.3	116.6	-71.9
2021	100.0	8.4	27.0	64.7
2022	100.0	0.3	98.3	1.4
2023	100.0	8.8	38.8	52.4

资料来源：作者根据《辽宁统计年鉴》数据整理。

党的二十届三中全会对健全推动经济高质量发展体制机制作出重要部署，强调“必须以新发展理念引领改革，立足新发展阶段，深化供给侧结构性改革，完善推动高质量发展激励约束机制，塑造发展新动能新优势”。辽宁拥有推动经济高质量发展的产业、科教、区位及资源优势，要贯彻落实党的二十届三中全会精神，坚持问题导向，聚焦重点领域和关键环节，厚植发展新优势，培育发展新动能，凝心聚力打造新时代“六地”，推动辽宁全面振兴取得新突破。

依托辽宁的产业基础与资源优势，大力发展新能源产业可以形成辽宁经济新增长极。新能源产业的发展，是一个系统工程，是将技术、市场、制度等诸多要素有机融合的过程，也是基础设施建设、新能源生产、输送、存储、消费等各环节相互配合的全产业链发展过程。大力发展新能源产业，一方面可以带动研发、生产制造、咨询服务等众多领域的投资，快速促进辽宁经济增长，一方面也可以带动就业，促进能源结构转型，推动辽宁实现绿色低碳化发展。

辽宁有大力发展新能源产业的基础和优势。第一，辽宁拥有丰富的新能源资源，风、光、核、生物质、地热能、海洋能、氢能等新能源品类丰富齐全且发展基础较好。辽宁陆上风能、海上风能、太阳能、抽水蓄能、核电等新能源资源超1亿千瓦，具有基地化、规模化、产业化开发优势。第二，辽宁在能源生产与消费方面，已经在逐渐向清洁化方向发展。2021年一次电力及其他能源生产占比达到39.8%，已经超越原煤生产量，成为所占比例最大的能源生产类型。一次电力及其他能源消费占比稳步提升，2021年占比已经达到14.1%，即新能源消费在辽宁省的经济社会发展中已占据重要地位。截至2023年年底，辽宁省发电装机容量虽然仍以火电为主，但是其比重迅速降低，清洁能源装机占比已经近半，达到47%。第三，新能源装备是新能源技术的载体，是清洁能源产业的重要组成部分。辽宁新能源装备发展方向主要涉及风电、光伏、储能、核电、氢能等领域，具有较强的基础和优势。第四，近年来，辽宁坚持把创新作为驱动振兴发展的第一动力，全省科技创新生态持续优化，科技创新能力显著提升，科技创新动能加速集聚。以平台为载体，以企业为核心，辽宁新能源产业创新能力也在不断提升。

《辽宁全面振兴新突破三年行动方案（2023—2025）》谱写了辽宁未来的发展蓝图，在多个层面提出了发展目标和要求。大力发展新能源产业，完全契合“三年行动”方案的指导思想与要求。通过新能源产业链的顶层规划，整体布局，吸引行业龙头企业与配套企业投资，吸引行业研发机构与创新型人才集聚，吸引各种资源的流动，可以在经济增长、产业结构调整、科技创新、市场主体、体制机制创新、绿色低碳发展等方面，促进“三年行动”方案各项目标加快达成。

3.3　保障辽宁“双碳”战略目标顺利实现

1992年6月，中国在里约热内卢联合国环境与发展大会上签署了《联合国气候变化框架公约》（以下简称《公约》）。《公约》是在共同利益和责任的驱动下，世界上第一个为全面控制温室气体排放，应对气候变暖而签署的制度文件。自《公约》公布以来，中国一直积极参与全球应对气候变化的相关事项，并于2015年在巴黎气候变化大会上向世界公开承诺，将在2030年达到二氧化碳排放峰值。2020年9月22日，国家主席习近平在第七十五届联合国大会一般性辩论上郑重宣示：中国将提高国家自主贡献力度，采取更加有力的政策和措施，二氧化碳排放力争于2030年前达到峰值，努力争取2060年前实现碳中和。实现碳达峰、碳中和，是我国实现可持续发展、高质量发展的内在要求，也是推动构建人类命运共同体的必然选择。

许多发达国家，早在20世纪70年代初期就已经实现了城市化和工业化的进程，与此同时也较早的完成了各类能源消耗总量和碳排放总量的达峰。例如1980年，欧盟15个国家率先实现了CO_2排放的达峰，在2005年又实现了能源消费总量的达峰，人均CO_2排放为9.4吨。英国和日本在2000年初纷纷完成了各项指标的达峰。2007年，美国同时完成了能源消费总量和CO_2排放达峰，人均CO_2排放22.2吨。

碳达峰碳中和目标是我国对国际社会的庄严承诺，并纳入了国家生态文明建设整体布局。辽宁省作为中国的老工业基地，面临着能源结构调整、产业结构优化和生态环境保护等多重挑战。在这一背景下，新能源产业的发展不仅能够有效地促进能源结构的绿色转型，还能为经济增长提供新的动力，是实现“双碳”目标的关键路径。对标国内先进水平，我省能源结构仍不合理。与全国平均水平相比，辽宁的煤炭、石油消费占比偏高，天然气与一次电力消费占比明显偏低。同时，能源消耗强度与碳排放强度，辽宁均为全国水平的2倍左右。因此，辽宁大力发展新能源产业，加速能源结构调整，既是加速“双碳”目标达成的重要举措，同时也为“十四五”时期我国加快发展绿色低碳能源，推动化石能源清洁高效利用，推进生态文明建设，履行国际承诺提供了有力支撑。

第4章

辽宁新能源产业发展主动融入国家总体战略布局

4.1 我国能源战略清洁低碳化转型明显

能源是现代化的基础和动力，能源供应和安全事关我国现代化建设全局。在促进经济社会高质量发展与碳达峰碳中和双重目标下，我国持续推进与优化能源发展战略。尤其在新的历史时期，大力推进新能源产业的发展已成为能源战略的重中之重。

4.1.1 促进新能源产业发展的政策密集出台

2014年6月7日，国务院办公厅印发《能源发展战略行动计划（2014—2020年）》，明确了2020年我国能源发展的总体目标、战略方针和重点任务，部署推动能源创新发展、安全发展、科学发展。该计划指出，要坚持“节约、清洁、安全”的战略方针，重点实施节约优先、立足国内、绿色低碳和创新驱动四大战略，加快构建清洁、高效、安全、可持续的现代能源体系。该计划明确了我国能源发展的五项战略任务，核心思想就是在保障能源安全的前提下，实现能源的绿色发展、创新发展。

2021年3月13日，《中华人民共和国国民经济和社会发展第十四个五年规划和2035年远景目标纲要》强调，要推进能源革命，建设清洁低碳、安全高效的能源体系，提高能源供给保障能力。要加快发展非化石能源，大力提升风电、光伏发电规模，安全稳妥推动沿海核电建设，建设一批多能互补的清洁能源基地，非化石能源占能源消费总量比重提高到20%左右。加快抽水蓄能电站建设和新型储能技术规模化应用。

2021年9月22日，《中共中央 国务院关于完整准确全面贯彻新发展理念做好碳达峰碳中和工作的意见》要求，加快构建清洁低碳、安全高效能源体系，积极发展非化石能源，实施可再生能源替代行动，构建以新能源为主体的新型电力系统，提高电网对高比例可再生能源的消纳和调控能力。

2021年10月24日，《国务院关于印发2030年前碳达峰行动方案的通知》，强调重点任务是能源绿色低碳转型行动，提出要大力发展新能源，全面推进风电、太阳能发电大规模开发和高质量发展，因地制宜发展生物质发电、生物质能清洁供暖和生物天然气，积极安全有序发展核电，加快建设新型电力系统等。

2022年3月22日，国家发展改革委、国家能源局印发《“十四五”现代能源体系规划》，阐明我国能源发展方针、主要目标和任务举措，是“十四五”时期加快构建现代能源体系、推动能源高质量发展的总体蓝图和行动纲领。现代能源体系的核心内涵，体现在“清洁、低碳、安全、高效”八个字。该规划明确指出，加快推动能源绿色低碳转型，坚持生态优先、绿色发展，壮大清洁能源产业，实施可再生能源替代行动，推动构建新型电力系统，促进新能源占比逐渐提高。大力发展非化石能源，加快发展风电、太阳能发电。推动构建新型电力系统，推动电力系统向适应大规模高比例新能源方向演进。

2022年5月14日，国务院办公厅转发国家发展改革委、国家能源局《关于促进新时代新能源高质量发展的实施方案》。该方案指出，要创新新能源开发利用模式，加快构建适应新能源占比逐渐提高的新型电力系统，深化新能源领域“放管服”改革，支持引导新能源产业健康有序发展，完善支持新能源发展的财政金融政策等。

2022年6月1日，国家发展改革委、国家能源局等9部门联合印发《“十四五”可再生能源发展规划》。该规划提出，到2035年，我国将基本实现社会主义现代化，碳排放达峰后稳中有降，在2030年非化石能源消费占比达到25%左右和风电、太阳能发电总装机容量达到12亿千瓦以上的基础上，上述指标均进一步提高。可再生能源加速替代化石能源，新型电力系统取得实质性成效，可再生能源产业竞争力进一步巩固提升，基本建成清洁低碳、安全高效的能源体系。

2023年4月6日，国家能源局印发《2023年能源工作指导意见》。该指导意见明确指出，2023年风光发电量占全社会用电量的比重达到15.3%，风光装机增加1.6亿千瓦左右。指导意见提出了具体的发展举措，如推动第一批以沙漠、戈壁、荒漠地区为重点的大型风电光伏基地项目并网投产，积极推进光热发电规模化发展；稳妥建设海上风电基地，谋划启动建设海上光伏；大力推进分散式陆上风电和分布式光伏发电项目建设等。

国家能源局局长章建华表示，要加快推进能源消费方式变革，重点实现“三个转变”，包括能源结构转变、能源系统和形态转变、能源空间布局转变。提出未来三个发展阶段的新能源发展目标，如图4-1所示。

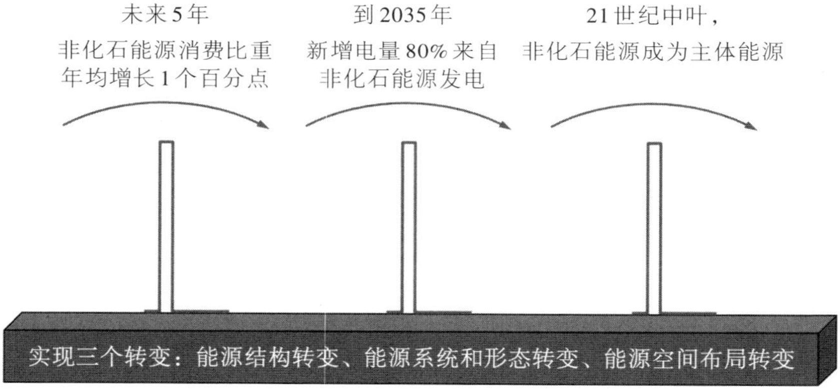

图4-1　我国未来新能源发展阶段示意图

资料来源：佚名.国家能源局：加快推进能源消费方式变革［EB/OL］.［2023-04-02］.https：//m.gmw.cn/2023-04/12/content_1303340266.htm.

4.1.2　新能源产业发展专项战略陆续推出

2022年1月29日，国家发展改革委、国家能源局印发《“十四五”新型储能发展实施方案》，强调新型储能是构建新型电力系统的重要技术和基础装备，是实现“双碳”目标的重要支撑。到2025年，新型储能由商业化初期步入规模化发展阶段，具备大规模商业化应用条件，新型储能技术创新能力显著提高。到2030年，新型储能全面市场化发展。新型储能核心技术装备自主可控，技术创新和产业水平稳居全球前列。

为促进氢能产业规范、有序、高质量地发展，2022年3月23日，国家发展改革委、国家能源局联合印发《氢能产业发展中长期规划（2021—2035年）》，明确了氢的能源属性，提出了氢能产业发展基本原则和各阶段目标，部署了推动氢能产业高质量发展的重要举措。2023年4月17日从中国石化获悉，“西氢东送”输氢管道示范工程已纳入《石油天然气“全国一张网”建设实施方案》，标志着我国氢气长距离输送管道进入新发展阶段。2023年4月16日中国石油发布消息称，依托现有天然气管道长距离输送氢气的技术获得了突破，为我国今后实现大规模、低成本的远距离氢能运输提供技术支撑。

4.1.3　新能源产业的配套政策逐渐完善

2021年2月24日，国家发展改革委、财政部等5部门联合发布《关于引导加大金融支持力度　促进风电和光伏发电等行业健康有序发展的通知》，该通知指出，要充分认识风电和光伏发电等行业健康、有序发展的重要意义，合力帮助企业渡过难关，支持风电、光伏发电、生物质发电等行业健康有序地发展。从贷款展期、续贷、发放补贴确权贷款、核发绿色电力证书、优先发放补贴和进一步加大信贷支持力度等多个层面支持风电和光伏发电等行业的发展。

2022年1月30日，国家发展改革委、国家能源局印发《关于完善能源绿色低碳转型体制机制和政策措施的意见》。该意见提出，“十四五”时期，基本建立推进能源绿色低碳发展的制度框架，形成比较完善的政策、标准、市场和监管体系，到2030年，基本建立完整的能源绿色低碳发展基本制度和政策体系，形成非化石能源既基本满足能源需求增量又规模化替代化石能源存量、能源安全保障能力得到全面增强的能源生产消费格局。从引导绿色能源消费、清洁能源开发利用、新型电力系统建设、能源绿色低碳转型的科技创新与财政金融政策等诸多方面，完善体制机制建设，促进能源绿色低碳发展。

4.2　辽宁新能源产业发展规划契合国家战略

4.2.1　国家能源战略对辽宁的要求

国家能源战略的核心，是在保障能源安全的前提下，实现能源的绿色、高效、清洁化发展。2018年9月，习近平总书记主持召开深入推进东北振兴座谈会时强调“东北地区是我国重要的工业和农业基地，维护国家国防安全、粮食安全、生态安全、能源安全、产业安全的战略地位十分重要，关乎国家发展大局”。五大安全在东北地区具有特殊使命和重要意义，不仅是东北实现自身全面发展和全方位振兴的根本保障，也赋予了东北振兴服务国家全局、支撑民族复兴的重大战略意义。

2021年中国共产党辽宁省第十三次代表大会提出了“全面振兴、全方位振兴取得新突破、维护国家‘五大安全’的能力显著提升、形成对国家重大战略有力支撑”的任务目标。要求我们必须把维护国家“五大安全”与推动辽宁全面振兴、全方位振兴有机统一起来，统筹好发展和安全的关系，不断提升维护国家“五大安全”的能力，更好地服务和融入新发展格局。2022年3月，时任辽宁省委书记张国清在《人民日报》发文指出，要“把维护国家‘五大安全’作为重要政治任务，作为推动辽宁全面振兴、全方位振兴的重大机遇”。

2023年9月6日至8日，习近平总书记赴黑龙江考察时，在哈尔滨召开的座谈会（新时代推动东北全面振兴座谈会）上，再次明确指出："牢牢把握东北在维护国家'五大安全'中的重要使命。"

2023年10月27日，中共中央政治局召开会议，审议《关于进一步推动新时代东北全面振兴取得新突破若干政策措施的意见》。会议提出，要加快发展风电、光电、核电等清洁能源，建设风光火核储一体化能源基地。可见，国家对东北在维护能源安全领域的要求十分明确。

2025年1月，习近平总书记在辽宁考察时强调，"要统筹传统产业转型升级和战略性新兴产业培育壮大，加快建设现代化产业体系"。新形势下，辽宁需积极培育壮大绿色增长新动能，加快清洁能源强省建设，多措并举推动传统产业"含绿量"持续提升。能源安全是国家经济社会发展和应对气候变化的基础，是关系国家经济社会发展的全局性、战略性问题。维护能源安全，就是要坚持节约优先、保障多元、市场化改革、国际合作的方针，保障能源供给和消费的平衡，提高能源利用效率和清洁程度，构建安全、稳定、经济、清洁的现代能源体系。近年，国际局势的不稳定性及不确定性大大增加，俄乌冲突又加大了全球能源危机爆发的可能性。能源结构、能源供应体系弹性、电力生产、储备与消纳、绿色新能源的替代等成为我们能源安全的主要问题。

辽宁承担着维护国家"五大安全"的政治使命。近年来，辽宁积极推动"双碳"目标落地，全面推动清洁能源集约化、规模化发展，促进经济社会发展向绿色低碳方向转型，是切实维护国家能源安全，履行辽宁历史责任的重要举措。

4.2.2　辽宁新能源产业发展规划全面推进

2021年3月，辽宁发布《辽宁省国民经济和社会发展第十四个五年规划和二〇三五年远景目标纲要》，明确提出培育壮大氢能、风电、光伏等新能源产业，构建清洁低碳、安全高效的新型能源体系，推动能源消费结构调整。该建议还提出，打好关键核心技术攻坚战，聚焦洁净能源等产业部署一批创新链。培育壮大“新字号”，做强做大新能源汽车等高端制造产业，加快发展节能环保和清洁能源等产业。

2022年7月，《辽宁省“十四五”能源发展规划》进一步明确，在保证能源安全前提下，坚持生态为先，推动绿色发展。要统筹做好新能源与配套送出工程规划，多措并举提升清洁能源消纳水平。提出要积极、安全、有序地发展核电，积极推进氢能产业创新发展。要明确新能源装备产业发展目标和路线图，加强重点领域能源装备自主创新，着力突破能源装备制造关键技术、材料和零部件等瓶颈，全力支持风电、光伏、储能等能源装备产业的可持续发展。

2022年8月，《辽宁省氢能产业发展规划（2021—2025年）》发布，规划到2025年，全省氢能产业实现产值600亿元，培育10家左右具有核心竞争力和影响力的知名企业，建成国内顶尖和世界一流的氢能产业研发与创新基地、国内领先的燃料电池发动机生产制造基地、东北亚重要的氢能生产储运基地和国内氢能产业示范应用先导区。形成涵盖氢能产业全链条的技术研发、检验检测体系，在制氢、氢气储运、燃料电池电堆、燃料电池系统、燃料电池汽车等领域的核心技术接近国际先进水平。

2022年9月，《辽宁省加快推进清洁能源强省建设实施方案》发布，该方案立足辽宁风、光、水、核、天然气、生物质、地热能、海洋能等清洁能源品类丰富齐全发展基础，多元、综合发展清洁能源。着眼清洁能源装备制造业、区域能源交易中心、氢能储能技术、化石能源清洁高效利用等比较优势与发展潜力，推动清洁能源市场化、规模化发展壮大。

综上，辽宁省基本建立起促进新能源产业发展的制度框架，在风电、太阳能发电、核电等领域积极推进，努力打造清洁能源强省，实现能源的绿色低碳化发展，与国家能源战略契合。同时，辽宁充分发挥自身资源禀赋优势，大力发展氢能、储能，以及新能源装备制造等产业，延伸清洁能源产业链条，夯实清洁能源产业发展优势与特色，促进辽宁清洁能源产业健康、快速地发展。

4.2.3　辽宁新能源产业发展的关键环节

新能源产业的发展，是一个系统工程，是将技术、市场、制度等诸多要素有机融合的过程，也是基础设施建设、新能源生产、输送、存储、消费等各环节相互配合的过程。在现有制度框架内，辽宁新能源产业发展的路线已然清晰，大致可以描述为三个步骤：

（1）构建完善的新能源体系

在“双碳”背景下，大力发展新能源产业已是大势所趋。立足辽宁风、光、水、核、天然气、生物质、地热能、海洋能等清洁能源品类丰富齐全发展基础，多元、综合发展新能源则是顺势而为。根据已有的产业基础，构建完善的新能源体系是大力发展新能源产业的前提和基础。

辽宁清洁能源装机占比已经超过40%，其中风电占比接近20%，太阳能发电与核电各占约10%，水电与其他占比相对较低。随着辽宁加快清洁能源强省建设，在现有基础上，持续推进核电、氢能与储能发展是重点，兼顾生物质能、地热能、海洋能等，形成完善的新能源体系，为辽宁新能源产业健康、快速地发展奠定基础。新能源体系示意图，如图4-2所示。

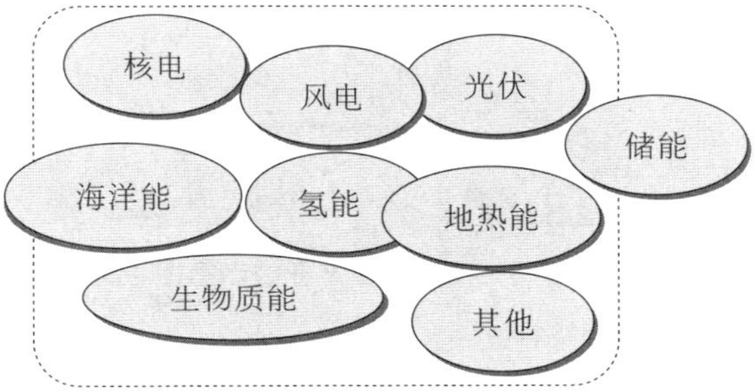

图4-2　辽宁新能源产业体系示意图

资料来源：作者根据公开资料整理。

（2）搭建完整的新能源产业链条

新能源产业的发展，离不开上下游产业链条的搭建。新能源产业，涵盖了上游的装备制造，中游的能源生产，以及下游的销售与消费。只有合理配置各个环节的资源，理顺各环节之间的关系，才能实现全产业链的健康发展。

大力发展新能源装备制造产业，这是新能源产业发展的物质基础。针对辽宁新能源产业现有基础及特色，明确新能源装备产业发展目标和路线图，加强重点领域能源装备自主创新，着力突破能源装备制造关键技术、材料和零部件等瓶颈。首先全力支持核电、风电、光伏、储能等能源装备产业的可持续发展，推动能源装备产业向精细化和高端化转型。集中培育装备产业园区，促进上中下游装备制造产业融合，在政府引导和市场牵引下，组织重点发电企业、设备生产企业、运维服务企业、金融机构和科研单位等成立新能源装备制造业产业联盟。同时推动现有企业扩大投资，吸引一批掌握核心技术的省外企业来我省投资，鼓励企业间通过并购、引进、参股等方式补链、强链和延链。

作为新能源产业的中下游环节，生产、销售与消费的发展，需要在技术上、制度上等方面加大支持力度，提高新能源生产效率，进一步推进新能源的并网、消费，发挥市场机制的作用，强化监督管理，打通各个环节之间的障碍，最终搭建完整的新能源产业链，如图4-3所示。

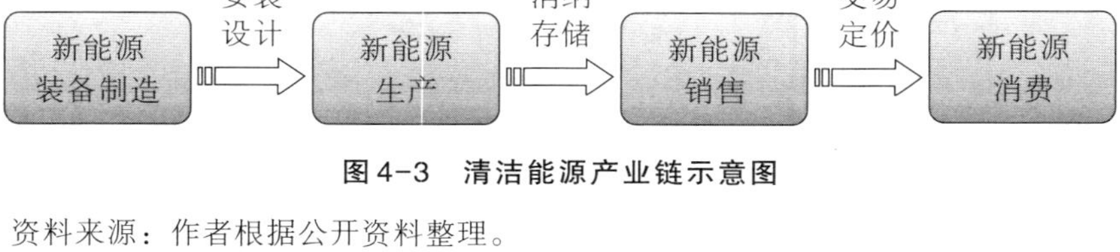

图4-3　清洁能源产业链示意图

资料来源：作者根据公开资料整理。

（3）多维度提供强有力的产业支撑

推进辽宁新能源产业的发展，需要从技术、市场、制度等方面提供支撑，政府与企业、高校、科研院所等需要各司其职，多维度共同努力。

第一，要充分发挥自身技术创新优势，在储能技术、核电装备等优势领域加大新技术、新工艺研发力度。加快建立可控的产业技术体系，推进能源领域技术创新平台建设。依托试验示范工程，集中力量突破一批能源装备“卡脖子”关键环节，大力提升装备制造业自主研发水平及国产化替代。着力突破新型储能技术、氢燃料电池、清洁能源耦合电解水制氢技术、核电装备技术、燃气轮机调峰技术、碳捕集与封存技术等关键领域。

第二，深化电力体制改革，提升电力交易市场化程度。推动各电力市场体系协同运行，逐步有序放开各类、各调度等级发电主体发电计划，完善电力调度交易机制，通过市场机制和政府调控相结合的方式保障优先购电制度的落实。统筹电力现货市场和辅助服务市场建设，进一步放开竞争性业务，稳妥推进新能源直接参与电力市场交易，扩大电力市场交易规模，丰富电力交易品种，营造统一开放、公平竞争的市场环境，完善电力价格形成机制。

第三，积极推进新能源生产和消费主体参与碳排放权交易和绿色电力证书交易，不断扩大交易市场范围。提高电力生产和交易的透明度，促进新能源在能源供应商之间自由流动，推动市场多元化竞争。充分发挥市场机制的作用，引导用能单位增加清洁能源消费，促进新能源产业的发展。

第5章

辽宁新能源产业发展基础与现状

5.1　辽宁能源领域发展现状

2022年7月,《辽宁省“十四五”能源发展规划》指出，在保证能源安全的前提下，坚持生态为先，推动绿色发展。着力增强能源安全供给能力，着力加快能源绿色低碳转型，着力完善多元能源保障体系，着力构建智慧高效能源系统，着力推进能源体制革命，着力提升民生用能品质，全面构建清洁低碳、安全高效的现代能源体系，为经济社会发展提供坚实的能源保障。2022年9月,《辽宁省加快推进清洁能源强省建设实施方案》发布，该方案立足辽宁风、光、水、核、天然气、生物质、地热能、海洋能等清洁能源品类丰富、齐全发展的基础，多元、综合发展清洁能源。着眼清洁能源装备制造业、区域能源交易中心、氢能储能技术、化石能源清洁高效利用等比较优势与发展潜力，推动清洁能源市场化、规模化发展壮大。2024年7月，辽宁省人民政府印发《辽宁省空气质量持续改善行动实施方案》，强调要优化能源结构，加速能源清洁、低碳、高效地发展，到2025年，非化石能源消费比重达到13.7%左右，电能占终端能源消费比重达到15%左右。

由此可见，辽宁能源领域发展方向，就是在保障能源安全的前提下，实现绿色低碳转型，大力发展清洁能源产业则是重要着力点。

5.1.1　能源生产情况

辽宁省化石能源资源相对匮乏，煤炭、石油和天然气储量分别为26.73亿吨、1.4亿吨和155亿立方米，仅占全国总储量的1.07%、4.1%、0.28%。能源生产以煤为主且总量持续下降，能源消费偏煤、产业结构偏重、能效偏低，电力保障能力亟待提高，能源供应保障形势严峻。根据《辽宁统计年鉴

（2022）》数据，辽宁一次能源生产情况见表5-1[①]，辽宁一次能源生产构成如图5-1所示。10年中，辽宁能源生产总量较为稳定，能源生产结构变化明显，其中原煤生产所占比例迅速降低，原油和天然气所占比例维持稳定，一次电力及其他能源生产所占比例则迅速上升。2021年一次电力及其他能源生产占比达到39.8%，已经超越原煤生产量，成为所占比例最大的能源生产类型。一次电力及其他能源生产总量的快速提升，表明辽宁新能源产业实现了跃升式发展。

表5-1 **辽宁一次能源生产总量及构成**

年份	能源生产总量（万吨标准煤）	占能源生产总量的比重（%）			
		原煤	原油	天然气	一次电力及其他能源
2012	6 393.3	72.8	22.4	1.5	3.4
2013	5 521.1	65.7	25.9	2.0	6.4
2014	5 147.7	62.1	28.4	2.1	7.5
2015	5 578.1	55.3	26.6	1.6	16.6
2016	5 290.0	50.1	27.5	1.4	21.1
2017	5 086.4	45.1	29.3	1.3	24.3
2018	5 240.9	40.3	28.4	1.5	29.9
2019	5 416.7	39.2	27.8	1.5	31.5
2020	5 438.1	37.6	27.6	1.8	33.0
2021	5 826.3	32.5	25.8	1.8	39.8

注：1.本表中2015年、2016年、2017年是第四次经济普查调整后数据，以前年度未进行调整。2.一次能源生产总量2015年后按照发电煤耗计算法计算，以前年度按照电热当量计算法计算。

资料来源：作者根据《辽宁统计年鉴》数据整理。

① 根据统计年鉴指标解释，表格中一次电力及其他能源包括水电、核电及其他动力能如风能和地热能等的发电量，与本书中的新能源内涵基本匹配，故本书沿用年鉴中的统计口径。

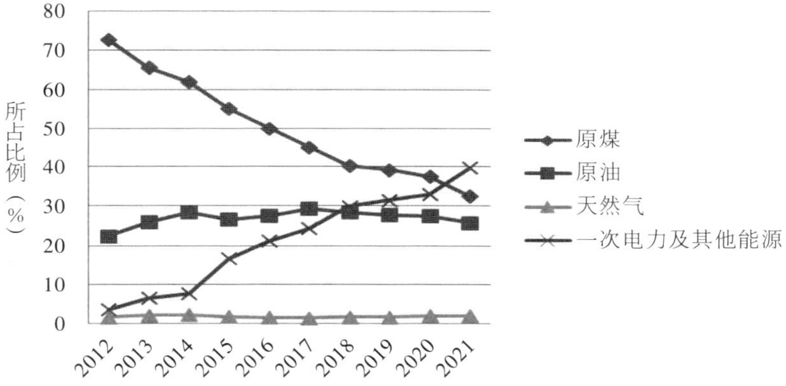

图5-1　辽宁一次能源生产构成示意图

资料来源：作者根据《辽宁统计年鉴》数据整理。

根据《中国能源统计年鉴》及国家电网统计数据，辽宁省近年来发电情况见表5-2。总体上辽宁省发电量呈现上升趋势，但仍以火电为主，占比从2015年的81.5%降至2023年的55.3%，下降趋势明显，水电占比一直较低。值得关注的是核电、风电、太阳能发电等清洁能源占比逐渐增加，尤其是2023年核电占比已经达到22.2%，风电占比为14.7%，清洁电力占比已接近一半。

表5-2　　　　**辽宁电力生产总量及构成**

年份	发电量（亿千瓦时）	电力生产类型及其占比									
		火电（亿千瓦时）	占比（%）	水电（亿千瓦时）	占比（%）	核电（亿千瓦时）	占比（%）	风电（亿千瓦时）	占比（%）	光伏（亿千瓦时）	占比（%）
2015	1 665	1 357.71	81.5	32.28	1.9	144.66	8.7	111.84	6.7	1.23	0.1
2016	1 779	1 399.56	78.7	47.03	2.6	199.83	11.2	128.93	7.2	3.41	0.2
2017	1 844	1 415.04	76.7	30.30	1.6	235.98	12.8	151.65	8.2	11.02	0.6
2018	1 986	1 453.80	73.2	33.57	1.7	301.57	15.2	165.09	8.3	31.91	1.6
2019	2 073	1 476.74	71.2	43.58	2.1	327.30	15.8	183.09	8.8	42.23	2.0
2020	2 135	1 506.84	70.6	56.55	2.6	327.00	15.3	168.70	7.9	76.86	3.6
2021	2 147	1 490.5	69.4	36.5	1.7	399.3	18.6	193.2	9.0	27.9	1.3
2022	2 148	1 285.56	59.8	79.70	3.7	451.74	21.0	255.25	11.9	75.97	3.5
2023	2 258	1 249.31	55.3	65.24	2.9	500.93	22.2	331.24	14.7	110.86	4.9

资料来源：作者根据相关部门内部资料整理。

另外，辽宁生物质能的利用也初见成效，进一步促进了辽宁省新能源产业健康发展。2021年12月17日，由中国能建投资公司投资建设的中能建投清原40兆瓦生物质热电联产项目机组一次性并网成功，机组各系统运行平稳，各指标参数优良。项目建成后年可消耗农林废弃物28.4万吨，提供绿色电力3亿千瓦时。国能昌图生物发电有限公司是国内最大的专业从事生物质直燃发电的企业，总装机容量为35兆瓦。投产运行后，每年可增加1.89亿千瓦时绿色电能送入国家电网。

综上可见，辽宁能源生产总量维持稳定，但能源结构变化非常明显，其中煤炭产量下降明显，原油和天然气基本稳定，而一次电力及其他能源产量迅速上升，比较有代表性的即辽宁的风电、光伏以及核电生产量迅速提高，生物质能等其他清洁能源也开始布局，能源生产清洁化趋势明显。

5.1.2 能源消费情况

作为全国重化工业生产基地，辽宁省传统经济支柱产业仍以石化、冶金等高耗能产业为主，其生产总值占规模以上工业生产总值的比重接近一半，能源消费偏煤，重化产业结构碳足迹偏重。根据《辽宁统计年鉴（2022）》数据，辽宁一次能源消费情况见表5-3，辽宁能源消费构成如图5-2所示。

表5-3 **辽宁一次能源消费总量及构成**

年份	能源消费总量（万吨标准煤）	占能源消费总量的比重（%）			
		煤炭	石油	天然气	一次电力及其他能源
2012	22 313.9	61.3	31.6	3.8	3.2
2013	20 499.6	62.5	28.2	5.0	4.4
2014	20 585.7	62.1	28.2	5.4	4.4
2015	21 362.5	57.4	29.8	3.4	9.4

续表

年份	能源消费总量（万吨标准煤）	占能源消费总量的比重（%）			
		煤炭	石油	天然气	一次电力及其他能源
2016	20 847.1	57.1	29.7	3.2	10.0
2017	21 365.4	55.5	29.8	3.9	10.9
2018	22 321.4	54.2	29.3	4.4	12.1
2019	23 749.5	53.9	29.5	4.2	12.4
2020	24 849.5	53.7	30.3	3.9	12.1
2021	24 930.8	52.3	29.3	4.4	14.1

注：1.本表中2015年、2016年、2017年是第四次经济普查调整后数据，以前年度未进行调整。2.一次能源生产总量2015年后按照发电煤耗计算法计算，以前年度按照电热当量计算法计算。

资料来源：作者根据《辽宁统计年鉴》数据整理。

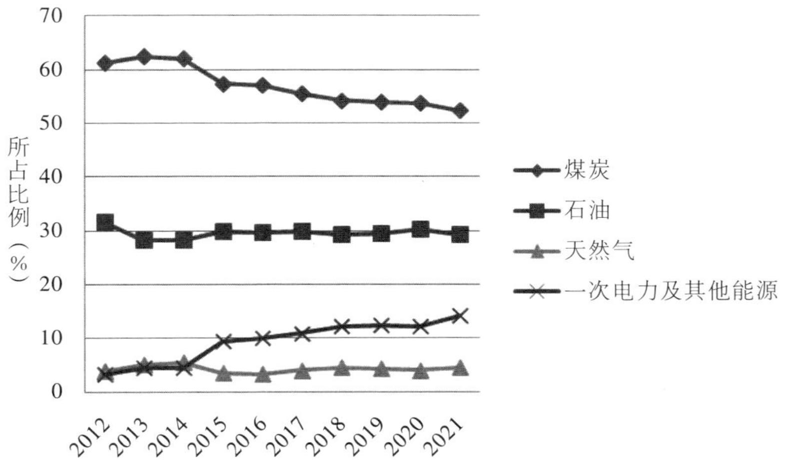

图5-2　辽宁能源消费构成示意图

资料来源：作者根据《辽宁统计年鉴》数据整理。

辽宁能源消费仍以煤炭为主，至2021年占比为52.3%，石油和天然气消费占比基本稳定，分别为29.3%和4.4%左右，一次电力及其他能源消费占比稳步提升，2021年占比已经达到14.1%，即清洁能源消费在辽宁省的经济社会发展中已占据重要地位，但降煤减碳的任务仍然艰巨。

另外，随着社会经济发展，辽宁电力消费量稳步上升。辽宁电力消费情况，如图5-3所示。

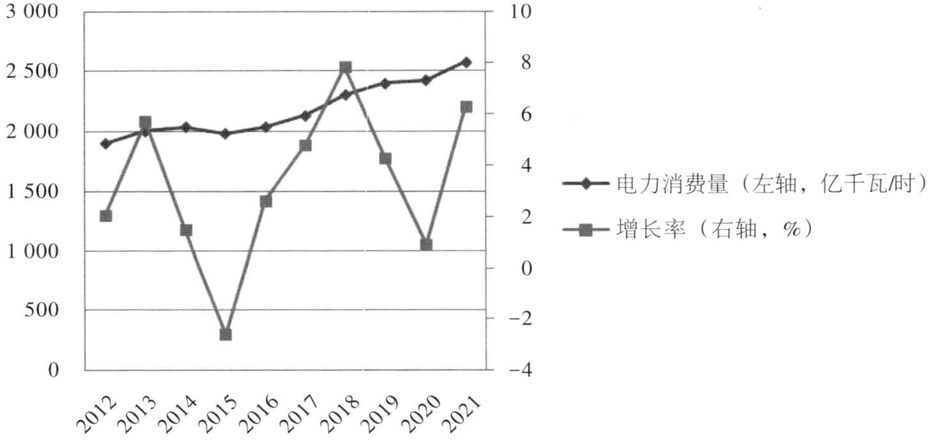

图5-3 辽宁电力消费趋势变化情况

资源来源：作者根据公开资料整理。

5.1.3 能源平衡情况

根据《辽宁统计年鉴（2022）》综合能源平衡情况，辽宁可供本地区消费的能源，主要来自三个方面：第一是外省（区、市）调入、调出差额，即外省（区、市）的纯调入，10余年来该部分比例较为稳定，平均值为54%；第二是一次能源生产量，近年所占比例持续下降，已从2009年的33%降至2020年的19%，2021年占比为23%，略有回升；第三是进出口差额，体现为纯进口量，近年该部分比例稳中有升，近6年更是连续超过20%，2020年达到最大值33.1%，2021年占比为24%，略有降低。可见辽宁能源消费，严重依赖国内其他省份（地区），同时进口能源比例在逐渐提高，辽宁能源整体对外依存度超过70%。

5.1.4 发电装机容量情况

辽宁省是能源消耗大省，在“双碳”背景下，化石能源使用将受到约束，新能源占比将持续增加。辽宁拥有新能源生产的自然条件与技术基础，在核电、风电、光伏等清洁电能生产上具有优势，风电、光伏利用率居全国前列。水电、储能等也具有一定的规模和基础，是辽宁能源产业的重要组成部分。

截至2023年底，辽宁省发电装机容量虽然仍以火电为主，但是其比重迅速降低，清洁能源装机占比已经近半，达到47%。随着《辽宁省“十四五”能源发展规划》《辽宁省加快推进清洁能源强省建设实施方案》等的推进，辽宁省火电占比将持续下降，清洁能源产业必然实现快速发展。辽宁发电装机容量情况，见表5-4。

表5-4 辽宁发电装机容量情况

	2016年	2017年	2018年	2019年	2020年	2021年	2022年	2023年
总量（万千瓦）	4 601	4 869	5 192	5 370	5 776	6 230	6 580	7 261
增速（%）	6.5	5.8	6.7	3.4	7.5	7.9	5.6	10.1
火电（万千瓦）	3 114	3 193	3 383	3 446	3 643	3 750	3 835	3 856
占比（%）	67.7	65.6	65.2	64.2	63.1	60.2	58.3	53.1
水电（万千瓦）	293	295	299	302	305	305	305	334
占比（%）	6.4	6.1	5.8	5.6	5.3	4.9	4.6	4.6
风电（万千瓦）	695	711	761	832	981	1 114	1 173	1 429
占比（%）	15.1	14.6	14.7	15.5	17.0	17.9	17.8	19.7
光伏（万千瓦）	52	223	302	343	400	504	601	958
占比（%）	1.1	4.6	5.8	6.4	6.9	8.1	9.1	13.2
核电（万千瓦）	447	447	447	447	447	558	668	668
占比（%）	9.7	9.2	8.6	8.3	7.7	9.0	10.2	9.2

资料来源：作者根据公开资料整理。

“十四五”期间，辽宁风电、光伏规划装机将由1 400万千瓦增加到3 700万千瓦以上，并适时启动海上风电等后续项目。

在确保绝对安全的前提下，辽宁省稳步推进核电基地建设。红沿河核电站6台机组已全部投产，总装机668万千瓦，是国内在运装机容量最大的核电站。同时，红沿河核电站供暖示范工程一期已开始供热，这是东北地区首个核能供暖项目。葫芦岛市徐大堡核电站3、4号机组，预计将于2027年投产。

辽宁省在抽水蓄能和新型储能等方面具有资源优势，是新型电力系统的重要支撑。清原一期、大连庄河、本溪大雅河和葫芦岛兴城4个抽水蓄能项目，总装机560万千瓦。兴城抽水蓄能电站和中船、大唐、辽能等一系列风电、光伏项目陆续开工建设，总装机容量超2 000万千瓦、总投资额超2 000亿元的清洁能源产业集群初见雏形。

据预测，到2025年，辽宁省核电、风电和光伏发电装机将达到4 368万千瓦，年发电量1 239亿千瓦时。与同等功率的火电站相比，每年可节约燃煤3 717万吨，减排二氧化碳9 900万吨、二氧化硫35.7万吨、氮氧化物26.8万吨。加快推进全省新增风电、核电、水电等重点项目建设，发挥有效投资的关键作用，是辽宁统筹发展和履行维护国家“五大安全”政治使命的重要抓手。

5.2 辽宁新能源产业发展基础与优势

5.2.1 新能源资源禀赋丰富

辽宁省能源种类齐全，风、光、水、核、生物质、地热能、海洋能、氢能等清洁能源品类丰富齐全且发展基础较好。辽宁省陆上风能、海上风能、太阳能、抽水蓄能、核电等清洁能源资源超1亿千瓦，具有基地化、规模化、产业化开发优势。辽宁电网既是东北电网的负荷中心，又是东北向华北送电的枢纽。近年来，致力于打造无约束清洁能源接入的辽宁电网，能够实现清洁能源“接得进、落得下、用得好”。辽宁是全国清洁电力消纳条件最好的省份之一，同时承载了其他省份清洁能源调剂资源，已连续5年清洁能源利用率在98%以上，高于国网经营区平均水平、处于国际领先水平，具备加速布局清洁能源项目的良好基础。

辽宁风能资源丰富。辽宁全年平均风功率密度大于150W/m^{2}的区域，主要分布在辽北丘陵及紧靠海岸线一带，面积约0.21万km^2；全年平均风功率密度在100~150W/m^{2}之间的区域，主要分布在沿海及中部平原的部分地区，面积约0.59万km^2；全年平均风功率密度在50~100W/m^{2}之间的区域，主要分布在剩余的沿海及中部平原地区，面积约6.3万km^2。据现有资料测算，全省陆域10米高度上的风资源储量0.89亿千瓦。总体来看，辽宁全省风资源主要集中在三个地带：昌图、康平、法库、彰武、阜新、北票、朝阳、建平一带的丘陵地区；环渤海沿岸地区；黄海北岸的沿海地带。此外，还包括一些完全达到风资源丰富区标准的东西部一些海拔较高的丘陵山地顶部地区。

辽宁太阳能资源相对丰富。东北区域太阳能资源很丰富，为二类资源区。吉林省太阳能资源最丰富，全省多年平均日照时数为2 200～3 000小时，多年平均太阳总辐射量为1 600～1 900kWh/m^2。黑龙江省与辽宁省太阳能资源次之，年太阳总辐射量1 222～1 500kWh/m^2，年日照时数在2 242～2 842小时之间。东北区域技术可开发量约422 170MW，其中吉林省34 000MW，黑龙江省340 680MW，辽宁省47 490MW。

辽宁省水电主要集中在本溪、丹东、抚顺等水资源相对丰富的地区，且水资源利用较为充分，扩容空间有限。

辽宁省核能发展空间巨大，辽宁省红沿河、徐大堡核电将成为火电的重要替代，预计到2025年，核电发电量占比达到22%以上；到2030年，核电装机达到1 400万千瓦，发电量占比将达到30%以上。

辽宁省拥有氢能资源禀赋和技术积累，依托中科院大连化物所等60余所高校、科研院所以及独有的制造业产业基础等其他条件，构建了氢能源利用领域技术研发全国领先、产业链条基本完备、氢能源资源禀赋丰富和应用场景多样四大突出优势，为发展氢能源奠定了良好基础。“富氢”是辽宁省部分城市的先天优势，如葫芦岛氢能源产业基地的氯碱化工企业航锦科技股份有限公司副产氢达1万吨。鞍山市鞍钢集团的焦炉煤气副产氢剩余量达1 000立方米/小时。葫芦岛示范的固体氢源技术夯实了氢的储运优势，固体技术的实现可以加速氢燃料汽车落地，推进整个行业的发展。固体氢化物的原料之一镁资源是辽宁省的重要经济支柱产业，大石桥有“中国镁都”之称。在氢的制备方面，化工产氢是辽宁省部分城市的先天优势，如大连福佳·大化石油化工有限公司的石脑油产氢富余量每年达4万~5万吨，足够支撑大连市的氢燃料电池产业。作为氢能及燃料电池研发国家队，中科院大连化物所在储氢、制氢及氢燃料电池等方面的研发均取得了系列进展，部分技术已实现成果转化。

5.2.2 储能产业快速发展

储能设施的建设，对于新能源产业发展具有十分重要的作用。辽宁目前在储能领域已经具有一定的基础，包括储能电站、抽水蓄能电站等。

（1）储能电站

辽宁目前已投产和在建电化学储能电站4座，其中电源侧储能电站3座，用户侧储能电站1座。目前辽宁投产的电源侧电化学储能电站还主要以示范功能为主，在提高电网安全稳定性，减少风电场损失方面也起到一定的作用，但在经济性方面缺乏一定的经营示范效应，而用户侧储能电化学储能电站随着现货市场逐步完善，未来会更多地从发电侧进行套利。

具体四个项目是：

第一个是国电和风北镇风电场储能项目，由融科储能与安山荣信提供2兆瓦/4兆瓦时全钒液流电池储能系统。

第二个是黑山龙湾储能电站，也是全钒液流电池，接入220千伏电池系统，于2014年4月投运。

第三个是龙源法库卧牛石风电场，项目投资4.5亿元，配套是5兆瓦/10兆瓦时全钒液流电池储能系统，于2013年2月投运，也是国家863项目示范工程。

第四个是大连液流电池储能调峰电站，该项目正在建设中，是国家级电化学储能调峰示范项目，建设规模是200兆瓦/800兆瓦时，建成之后将成为全球最大的电化学储能电站，预计全部投产运行后上网电量是2.4亿千瓦时。

大连液流电池储能调峰电站国家示范项目（一期），一期工程建设规模为100兆瓦/400兆瓦时。储能电站于2022年8月完成一期全部工程的调试，正式进入商业化运行阶段。储能电站投运后，一期投入的716个灰白色电解液储罐将可储存400兆瓦时电量，即40万度电，提高大连电网的调峰能力。在极端特殊情况时，储能电站还可以作为“黑启动”电源带动无启动能力的发电机组，帮助电网恢复运行，保障电网运行的安全性和稳定性。也可以作为备用电源，在电网出现故障时，为医院、应急救援等重要部门提供4小时左右的持续供电。该项目二期工程于2023年进入建设阶段。项目建成后将成为全球最大的液流电池储能电站，在储能领域极具示范引领作用。

（2）抽水蓄能设施

目前，辽宁已建成和在建的抽水蓄能设施主要包括以下项目：

已运营项目：包括蒲石河抽水蓄能电站和清原抽水蓄能电站。其中，蒲石河抽水蓄能电站于2012年全面投运，总装机容量180万千瓦。清原抽水蓄能电站于2025年1月全面投产，总装机容量180万千瓦，采用国产化调速器及防冰技术。

在建项目：包括太子河抽水蓄能电站和庄河抽水蓄能电站。其中，太子河抽水蓄能电站2025年6月进入全面施工阶段，总投资121.45亿元，总装机容量1 800兆瓦，计划2030年首台机组并网。庄河抽水蓄能电站于2022年9月开工，计划2029年建成投运，总装机容量100万千瓦。

规划项目：包括岫岩龙潭抽水蓄能电站和大雅河抽水蓄能电站。其中岫岩龙潭抽水蓄能电站于2025年3月通过建设征地移民安置规划审查，为"十四五"重点实施项目。大雅河抽水蓄能电站规划总装机容量160万千瓦，目前处于前期开发阶段。

另外，2020年辽宁省飞轮储能[①]设备实现全国首次35千伏电网并网，在新能源应用和飞轮储能产业领域里，具有里程碑意义。其核心的飞轮储能技术和设备，出自沈阳经济技术开发区的一家国家高新技术企业——沈阳微控新能源技术有限公司。该公司成立于2018年3月，是专业从事磁悬浮飞轮储能产品研发设计、生产制造的国家高新技术企业、国家级绿色工厂，2023年被评定为辽宁省首家制造业"独角兽"企业。微控掌握了全球领先的高速磁悬浮储能飞轮完整技术体系，拥有高速永磁同步电机、五自由度主动磁悬浮轴承等多项核心技术的完全自主知识产权。在新型电力系统领域，微控兆瓦级飞轮系统可广泛应用于电网频率调节。2020年至今，微控相继实施了国内首个35千伏并网兆瓦级飞轮储能项目、国内首个"飞轮+锂电池"混合储能调频项目、国内首个"单风机储能一体化"惯量响应及一次调频项目。微控与中核集团、三峡集团联合研制的"适用于新能源电站惯量和调频支撑的兆瓦级飞轮储能系统"成功入选国家能源局能源领域2021年度首台重大技术装备目录，是电力调频领域唯一入选的重大技术装备。

作为老工业基地，辽宁拥有众多装备制造企业，这些企业在机械制造、电气设备、自动化控制等领域积累了丰富的经验和技术储备，能够为新能源

① 飞轮储能技术是一种利用高速旋转的飞轮来存储动能，并通过发电机将其转化为电能的技术。该技术具有高储能密度、高能量转换效率（可达90%）、充放电次数与深度无关以及环保无污染等优点。

设备（如风电设备、光伏组件、储能系统等）的研发和生产提供坚实的基础，可以为新能源产业的发展助力护航。由此可见，辽宁已经拥有较为完善的新能源产业体系，在风电、光伏、氢能等新能源领域已经形成了一定的产业规模，产业链条逐步完善。例如，辽宁沿海地区风能资源丰富，风电产业发展迅速，同时光伏发电和氢能产业也在逐步推进。辽宁还拥有丰富的科研资源，高校和科研院所在新能源技术研发方面具有较强的实力，能够为产业发展提供智力支持，可以加速推进新能源产业的发展。新能源产业不仅可以为辽宁的经济社会发展提供基础支撑，更是维护辽宁乃至国家能源安全的重要保障。

5.2.3　新能源装备齐全

新能源装备是新能源技术的载体，是新能源产业的重要组成部分。辽宁新能源装备主要包括风电、光伏、储能、核电、氢能等多个方向，具有较强的基础和优势。

（1）风电装备

辽宁作为我国重要的老工业基地，近年来在新能源领域，尤其是风电装备制造方面取得了显著成就，已成为国内风电产业链体系布局最完整的省份之一。辽宁风电装备制造产业的快速发展，得益于其雄厚的工业基础、完善的产业链布局以及众多核心企业的支撑。目前，辽宁本地拥有一批具有代表性的核心装备制造企业，如鞍本集团有限公司、东北特殊钢集团股份有限公司、丹东丰能工业股份有限公司、瓦房店轴承集团有限责任公司、大连华锐重工集团股份有限公司、阜新大金重工股份有限公司、大连凯斯克有限公司、红叶风电设备（营口）有限公司等。这些企业在风电装备制造的不同环节中占据着重要地位，涵盖了从原材料供应到核心零部件制造、整机组装等全产业链环节，形成了较为完整的产业生态体系。

此外，辽宁还吸引了众多省外重点企业投资布局，进一步增强了产业竞争力。例如，大连天能重工有限公司、大连海装风电设备有限公司等企业已在辽宁落地运营，这些企业在风电行业的上中下游均占据核心地位，为辽宁风电产业的发展注入了新的活力。特别是大连市，作为国内重要的兆瓦级风电核心零部件制造基地，其产业集聚效应显著。大连市不仅为多家国内和世界知名的风电企业批量供货，还在技术创新方面取得了突破性进展。部分产品的技术性能和质量已达到世界先进水平，尤其是在大功率风电机组的研发方面，大连市在国内率先研制出3兆瓦和5兆瓦风电机组、6兆瓦风电齿轮箱等高端产品，进一步巩固了其在风电装备制造领域的领先地位。

辽宁风电装备制造产业的快速发展，不仅得益于企业的技术创新和产业链的完善，还与政府的政策支持密不可分。近年来，辽宁省政府出台了一系列扶持政策，鼓励企业加大研发投入，推动产业升级。同时，辽宁还积极推动风电产业与区域经济的协同发展，通过产业集聚效应，带动上下游企业共同进步，形成了良好的产业生态。

未来，辽宁风电装备制造产业将继续发挥其产业链完整、技术领先的优势，进一步推动大功率风电机组、智能化风电设备等高端产品的研发与应用。同时，辽宁还将加强与国内外知名企业的合作，提升产业的国际化水平，力争在全球风电市场中占据更加重要的地位。通过持续的技术创新和产业升级，辽宁风电装备制造产业将为我国新能源产业的发展提供强有力的支撑，同时也为辽宁的经济转型和绿色发展注入新的动力。

（2）光伏装备

在光伏装备领域，2021年全省光伏行业实现销售收入约50亿元。主要产品有单晶硅棒、硅片、太阳能组件及光伏太阳能晶硅、非晶硅电池组件、封装自动化设备。代表性企业如阳光能源，该企业是行业知名的光伏全产业链制造商，集科研、生产、销售、应用为一体，已形成硅棒、硅片、组件、光伏应用等垂直一体化经营模式，获得287项国家专利，48项省市科学技术一等奖、二等奖、成果奖，是国家高新技术企业、国家级绿色工厂、2021

年全球新能源500强企业（NO.173）、新能源企业全球竞争力100强（NO.92）、中国能源集团500强企业（NO.267），单晶硅棒硅片位列全国前五。

（3）储能装备

储能是实现以太阳能、风能为代表的清洁能源普及应用的关键技术支撑。在各种储能技术中，全钒液流电池储能技术因其本质安全、使用寿命长、储能规模大、绿色环保等特点，成为规模储能技术的首选技术之一，目前已进入商业化初期阶段。辽宁在全钒液流电池储能技术和产业化方面处于领先地位。2019年以来，通过整合中科院大连化物所、沈阳金属所、大连理工大学等重点高校院所以及大连融科储能公司等优势企业、辽宁电网电科院等应用单位，设立了多元化技术创新平台，在储能材料技术、结构设计、控制管理技术等产业链各环节取得重大创新和进展。大连融科储能的全钒液流电池储能技术和装备制造位居世界领先水平，并已进入产业化阶段。

（4）核电装备

核电装备领域，辽宁省已经形成以核岛主设备、常规岛设备及相关配套设备为主体的核电装备制造产业，为国内所有运行和在建核电站提供了大量设备，其中大连市是国内重要的核岛设备制造基地之一。重点企业有一重集团大连核电石化、重工起重、宝原核设备、大高阀门、深蓝泵业等。其中一重集团大连核电石化是世界上最大的核电及石化设备专业化制造基地之一，是综合能力最强、在制产品最多的核反应堆压力容器及石油化工重型容器供应商。

（5）氢能装备

辽宁作为我国重要的老工业基地，近年来在氢能与氢燃料电池领域取得了显著进展，已成为国内氢能基础研究和技术创新的高地。凭借其雄厚的科研实力和产业基础，辽宁在氢能领域的研发资源、研发能力和创新成果在国内外均占有重要地位。目前，辽宁的氢能产业链条已初具雏形，涵盖了从氢气制备、储运、加注到燃料电池关键材料、零部件研发，以及加氢站建设和氢燃料电池汽车应用等多个环节，形成了较为完整的产业生态体系。

在氢气制备方面，辽宁依托其丰富的工业副产氢资源，积极推进氢气的规模化生产和提纯技术研发。岩谷气体等企业在氢气制备领域具有较强的技术优势，为氢能产业链的上游提供了稳定的氢气供应。在氢气储运和加注环节，辽宁通过技术创新和基础设施建设，逐步解决了氢气储运成本高、安全性要求高等难题，为氢能的广泛应用奠定了基础。

在燃料电池关键材料和零部件研发方面，辽宁集聚了一批具有核心竞争力的企业。例如，新源动力在燃料电池电堆和系统集成领域处于国内领先地位，其产品性能已达到国际先进水平；大连天能和洺源科技在燃料电池关键材料和零部件研发方面取得了重要突破，为氢燃料电池的商业化应用提供了有力支撑。此外，大连宇科等企业在燃料电池系统的研发和生产方面也表现出色，进一步丰富了辽宁氢能产业链的中游环节。

在氢能应用领域，辽宁同样走在全国前列。一汽大客和中车大连等企业在氢燃料电池汽车的研发和制造方面取得了显著成果，推出了多款氢燃料电池客车和轨道交通车辆，并在省内多个城市进行了示范运营。这些车辆不仅具有零排放、高效率的特点，还展现了辽宁在氢能应用领域的强大实力。同时，辽宁还积极推进加氢站的建设，为氢燃料电池汽车的推广提供了基础设施保障。

辽宁氢能产业的快速发展，离不开政府的大力支持和产学研协同创新的推动。近年来，辽宁省政府出台了一系列政策措施，鼓励企业加大研发投入，推动氢能技术的产业化应用。同时，辽宁还依托省内高校和科研院所，建立了多个氢能技术研发平台，为产业发展提供了强大的智力支持。

未来，辽宁将继续发挥其在氢能领域的技术优势和产业基础，进一步推动氢能产业链的完善和升级。通过加强技术创新、扩大应用场景、完善基础设施，辽宁有望成为全国乃至全球氢能产业发展的重要高地，为我国能源结构转型和绿色低碳发展作出更大贡献。同时，辽宁氢能产业的崛起也将为区域经济注入新的活力，助力东北老工业基地的振兴与高质量发展。

5.2.4　创新能力不断提升

近年来，辽宁坚持把创新作为驱动振兴发展的第一动力，全省科技创新生态持续优化，科技创新能力显著提升，科技创新动能加速集聚。以平台为载体，以企业为核心，辽宁清洁能源产业创新能力也在不断提升。

辽宁围绕风电装备、储能装备等国家重大技术装备需求，推动龙头企业联合产业链上下游，开展新能源重大技术装备协同研制。以瓦轴集团、沈鼓集团等为代表的企业在大兆瓦风机发展的单列圆锥主轴轴承领域、空气储能领域均取得了重大技术突破。依托沈阳、大连、鞍山、丹东、朝阳、阜新、抚顺等城市，加快氢燃料电池电堆、电池系统、关键核心部件等实现创新突破，努力打造具有核心竞争力的氢能产业集聚区。一汽（大连）客车的“海豚精灵”氢燃料电池城市客车，具有完全知识产权。聚焦“应用验证”环节，加快首台（套）重大技术装备试验验证平台建设，搭建研制与产业化之间的桥梁，加快自主创新首台（套）新能源装备产品推广应用。

5.3　辽宁新能源产业取得的成就

“十三五”期间，辽宁省认真贯彻党中央决策部署，深入贯彻落实习近平总书记关于辽宁振兴发展的重要讲话和指示精神，深入推进“四个革命、一个合作”的能源安全新战略，能源供给保障能力不断提升，消费结构持续优化，体制改革稳步推进，技术创新能力和对外合作迈上新台阶，为经济社会持续、健康地发展提供了坚实的保障。

5.3.1 以新能源为主力的能源结构调整进入新阶段

“双碳”目标下，辽宁能源结构调整取得显著效果。能源生产领域，清洁能源占比迅速提高，2021年辽宁能源生产总量5 826.3万吨标准煤，其中原煤占比32.5%，原油占比25.8%，天然气占比1.8%，一次电力及其他能源首次超过原煤，达到了39.8%，成为所占比例最大的能源生产类型。截至2023年底，辽宁省发电装机容量虽然仍以火电为主，但是其所占比例迅速降低，清洁能源装机占比已经近半，达到47%。2023年，辽宁发电量为2 258亿千瓦时，其中火电占比55.3%（2015年时火电占比达81.5%），所占比例迅速降低，同时其他新能源发电已接近一半，尤其是辽宁的核电发电量占比已达到22.2%，风电占比14.7%，均呈现跨越式发展，产业优势明显，辽宁能源生产领域的清洁化转型非常明显。在能源消费领域，2021年全省能源消费总量2.49亿吨，其中煤炭占比52.3%，石油占比29.3%，一次电力及其他能源占比14.1%，近10年一直稳步提升，但略低于全国平均水平，辽宁能源消费结构调整还有较大空间。

5.3.2 以电力市场体制改革为契机的新能源消纳达到新水平

辽宁电力体制改革稳步推进，在全国率先成立省级电力交易机构，《辽宁电力交易中心有限公司增资扩股实施方案》获国务院国资委批准，已完成8批共117家售电公司的注册公示准入工作。电力调峰辅助服务市场初具规模，在促进清洁能源消纳、缓解火电企业经营压力等方面取得显著成效，截至2024年，辽宁在新能源消纳方面取得了显著进展，弃风率和弃光率均保持在极低水平。根据最新数据，辽宁的弃风率已降至0.5%以下，较2015年下降了超过10个百分点，显示出风电消纳能力的显著提升。同时，弃光率继续保持在接近于零的水平，处于全国领先地位。这些成绩的取得，得益于辽宁在电网基础设施建设、新能源调度优化以及储能技术应用等方面的持续投入和创新。辽宁在新能源消纳方面的优异表现，不仅为全国新能源发展树立了标杆，也为实现“双碳”目标做出了重要贡献。

5.3.3 新能源产业布局与技术创新协同发展打开新局面

目前，全省先进装备制造、石油化工、冶金新材料3个万亿级基地、22个重点产业集群建设取得积极成效。以沈阳市铁西区为例，作为沈阳新能源产业链一体化发展的重要载体，铁西区（经开区、中德园）加快布局新能源产业链版图，逐步打造东北地区的新能源产业基地和千亿新能源产业集群，构建起“4+1”新能源产业发展体系，涵盖锂电池、氢能、储能、风电、光伏、核电、新能源应用等领域。同时，新能源领域的创新能力不断增强，“高压电制热储热提升可再生能源消纳的关键技术”课题列入国家科技支撑计划，“常规/供热机组调节能力与电热综合协调调度技术”项目列入国家重点研发计划，不断提升电网接纳清洁能源能力。创新能力的提升为辽宁新能源产业发展提供了强大动力。

5.3.4 新能源保障国家能源安全作用达到新高度

辽宁省陆上风能、海上风能、太阳能、抽水蓄能、核电等清洁能源资源超1亿千瓦，具有基地化、规模化、产业化开发优势。辽宁电网既是东北电网的负荷中心，又是东北向华北送电的枢纽。近年来，致力于打造无约束新能源接入的辽宁电网，能够实现清洁能源“接得进、落得下、用得好”。辽宁是全国清洁电力消纳条件最好的省份之一，同时有效承担了其他省份新能源消纳调剂任务，已连续5年新能源利用率在98%以上，高于国网经营区平均水平、处于国际领先水平，具备加速布局新能源项目的良好基础。

辽宁省核能发展空间巨大，辽宁省红沿河、徐大堡核电将成为火电的重要替代，预计到2025年，核电发电量占比达22%以上；到2030年，核电装机达到1 400万千瓦，发电量全省占比达30%以上。同时，辽宁省拥有丰富的氢能资源和技术积累，依托中科院大连化物所等60余所高校、科研院所以及独有的制造业产业基础等其他条件，构建了氢能源利用领域技术研发全国领先、产业链条基本完备、氢能源资源丰富和应用场景多样四大突出优势，为发展氢能源奠定了良好的基础。辽宁省新能源产业拥有丰富的能源种类与完整的产业链条，可以为国家的能源安全提供重要保障。

第6章

辽宁新能源产业链重点企业介绍

6.1　风电产业链重点企业

（1）大连重工

大连华锐重工集团股份有限公司（简称“大连重工”）是国家重机行业的大型重点骨干企业和新能源设备制造重点企业，系国家高新技术企业，具备重大技术装备自主研发和机电液一体化设计、制造、安装、调试及工程总承包能力，在重型机械行业内占有重要地位。公司建有国家认定企业技术研究所、国家认可检测／校准实验室、海外（德国）技术研发中心、国家风电传动与控制工程技术研究中心，构建了适应企业发展的三级技术研发体系，配有一大批国际领先、国内先进的大型精密加工、大型铸造及热处理设备。公司先后承担大型船用曲轴、核电起重设备、风电传动与控制系统、500米球面射电望远镜馈源支撑索驱动系统、火箭发射平台脐带塔等重大装备国产化研制课题。公司拥有有效专利719项（其中，发明专利435项，国际专利18项）、软件著作权96项，技术引领能力持续提升。

公司已与70多家重点客户签订长期战略合作协议，建立了互惠互利的长期战略合作伙伴关系，其中包括中国宝武、鞍钢集团、中船集团、五矿集团、国家电投集团、国家能源集团、华润集团、中广核集团、华能集团、华电集团、中车集团、中国一重、东方电气、哈电集团、招商局集团等30多家央企，在业内树立了良好口碑。

（2）大金重工

大金重工股份有限公司（简称“大金重工”）专注于风电设备制造领域二十余载，凭借可靠的产品交付能力、稳定的产品质量、高水平的装备设施能力、过硬的技术创新能力、优秀的综合运营能力和供应链整合能力，在全球风电装备制造行业格局中拥有突出的竞争优势。公司产品为风电陆上基础、风电海工基础等相关系列产品，客户遍及30多个国家和地区，是全球风电巨头和电力开发商、建造商的重要合作伙伴，是全球风电装备制造产业第一梯队企业，是全球风电行业内单体产能突出和制造能力领先的海上风电塔架和风电海工基础设备供应商。

（3）瓦轴集团

瓦房店轴承集团有限责任公司（简称“瓦轴集团”）坚持创新驱动发展战略，加大科技投入和研发力量，在风力发电机轴承的设计、研发和生产方面取得了持续突破，继大兆瓦主轴轴承完成装机后，12兆瓦发电机轴承也已完成装机。其中，7兆瓦调心滚子主轴轴承是目前用于风电行业最大的调心类主轴轴承。

瓦轴集团是我国轴承工业的摇篮，近年来加速推进产业转型和升级步伐，抢抓我国新能源领域的发展机遇。2022年6月23日，瓦轴集团与大连自贸片区签署协议，双方合作建设风电轴承生产基地，主要生产可替代国外进口的风电新能源主轴轴承和齿轮箱轴承，重点解决我国风电新能源行业的“掐脖子”问题。2023年9月，该基地正式投产，年产值超过15亿元。以此为契机，双方在落实国家“双碳”目标、加快风电核心产品国产化方面开展了深入合作。

6.2　氢能产业链重点企业

氢能产业链主要环节包括氢气的获取与储运、氢能化学反应与载荷装备、工业/民用/交通部门的氢能利用等上中下游。目前氢能的利用主要是化工原材料（如合成氨和甲醇）、工业保护气和冷却气、氢燃料发动（电）机、民用天然气掺氢等。在多项国家政策驱动下，未来氢能从商用车、专用车、工程机械到乘用车领域的应用将有望加速。未来氢能核心推广的动力将从政策（如补贴）推动逐步转向经济性（包括直接运营成本和碳税成本等）驱动。

（1）阜新德尔汽车部件股份有限公司

阜新德尔汽车部件股份有限公司于2004年在辽宁阜新正式成立，是目前中国少数集汽车部件研发、制造和销售整合于一体的汽车零部件系统综合提供商，积极布局氢燃料电池、全固态电池（ASSB）等产品领域。

在氢燃料电池方面，阜新德尔汽车部件股份有限公司自主研发的100 kW燃料电池电堆采用金属双极板和高性能膜电极组合（MEA），与公司自主开发的窄流道双极板设计技术相结合；制造上采用冲压成型和层压装配技术，解决了燃料电池电堆批量生产中的成本控制难题，同时提升了电堆性能。2023年，阜新德尔汽车部件股份有限公司与同济大学合作成立氢燃料电池金属双极板联合实验室，研发低成本、长寿命技术，年底小批量试产。2024年，氢燃料电池双极板通过国内商用车企验证，签订首个千万元级订单，进入示范运营阶段。2025年，启动氢能电解槽关键部件研发，打通“制氢—储运—应用”环节，获地方政府氢能产业园政策支持。

在机氢气传感器方面，2020年11月，阜新德尔汽车部件股份有限公司曾表示南方德尔研发的氢泄漏检测传感器进入研发样品验证阶段，为清洁能源的应用奠定了一定的技术基础。

在氢燃料加注设备方面，2019年6月，阜新德尔汽车部件股份有限公司与日本龙野公司达成技术合作，目前已经成功完成35Mpa系列产品相关技术消化，并且完成了针对氢燃料物流搬运车辆的场内加氢的配套技术自主研发。

（2）洺源科技（大连）有限公司

洺源科技（大连）有限公司（简称“洺源科技”）成立于2016年，注册资金5 000万元，占地8 300平方米，是致力于氢能与燃料电池行业发展，专注氢燃料电池动力系统研发、制造、销售，集燃料电池车辆运营以及提供优质的动力系统解决方案于一体的国家级高新技术企业。公司研发的燃料电池动力系统功率范围覆盖45kW~120kW，批量通过国家机动车产品质量监督检测。目前，洺源科技燃料电池系统在燃料电池公交车、客车、乘用车、重载商用车、环卫车、船舶等多个场景得到了批量化的配套应用。这些应用车型分布在珠三角、长三角、辽宁等地，累计运行数百万公里。

（3）新源动力

新源动力股份有限公司（简称“新源动力”）成立于2001年4月，是中国第一家致力于燃料电池产业化的股份制企业。公司集科研开发、工程转化、产品生产、人才培养于一体，主要从事氢燃料电池膜电极、电堆模块、系统及相关测试设备的设计开发、生产制造和技术服务。目前累计拥有专利527项，其中，国际专利4件，涵盖了质子交换膜燃料电池关键材料、关键部件、电堆、系统各个层面。2019年成为首家上榜国家专利500强燃料电池企业，排名第286位。2023年4月，新源动力发布第三代氢燃料电池电堆HYMOD-200，适配重卡、船舶等大功率场景，并宣布与一汽解放合作开发燃料电池重卡动力系统。2023年9月，公司自主研发的300kW燃料电池系统通过国家强检认证，标志着国产大功率燃料电池技术进入商业化阶段。新源动力还参与上海城市群燃料电池汽车示范应用项目，为多家车企提供燃料电池系统，覆盖公交、物流、冷链等领域。中标大连市首批氢能公交订单，配套燃料电池系统应用于金普新区氢能公交线路。2024年3月，大连新源动力氢能产业园二期工程投产，年产能提升至10 000台燃料电池系统，重点服务京津冀及东北地区氢能市场。同时，在江苏盐城设立分基地，布局长三角氢能产业链。新源动力牵头起草了《车用质子交换膜燃料电池电堆寿命测试评价方法》等国家标准，推动行业规范化；入选国家能源局“氢能”技术试点示范项目，获专项资金支持。2024年5月，新源动力与中石化合作开发“制氢—储运—加注—应用”一体化项目，在辽宁营口建设首个“绿氢+化工”耦合示范工程。与东风汽车联合开发的12吨氢能冷链物流车正式交付，续航里程超600公里。新源动力还计划推出500kW级燃料电池系统，瞄准船舶、储能电站等非车用场景；推进高温质子交换膜（HT-PEM）技术研发，提升燃料电池在工业余热利用中的效率；加速拓展海外市场，重点布局东南亚（如泰国氢能公交项目）和欧洲（氢能船舶试点）；参与内蒙古“风光氢储”一体化项目，探索氢能在能源基地中的调峰作用。

6.3 储能产业链重点企业

储能产业对于新能源产业发展具有十分重要的作用。目前，辽宁在储能领域已经具有一定的基础，除了前文介绍的储能电站、抽水蓄能电站等之外，辽宁在钠电池、飞轮储能等领域也涌现出一批优秀企业。

钠电池可用资源丰富，性能优于锂电池，综合性价比较高。钠电池快充性能优异（常温下充电15分钟电量即可达到80%）、低温性能良好，常温条件下循环寿命为4 000~5 000次，能量密度持平铁锂电池。2024年全球已探明的锂资源量约为10 500万吨，但一半以上分布于南美洲，我国锂资源总量为630万吨，全球占比仅为6%，65%的锂原料需要进口。而钠的地壳丰度远高于锂且广泛分布于全球各地，海水中即含有丰富的氯化钠。钠电池相较于铁锂电池和5系三元电池，单Wh材料成本下降了45%~55%，商业化进程不断加速。

（1）辽宁星空钠电电池有限公司——钠离子储能

辽宁星空钠电电池有限公司隶属辽宁宏成集团，是一家以钠离子电池材料研发与电池生产制造为一体的高科技公司，成立于2018年1月。公司以钠离子储能及智能微电网技术为核心带动力，组建了由5位国内外材料领域顶尖院士、9位杰出博导、50位博士精英团队构成的电力储能研究院，钠离子电池研发能力居于世界领先水平。截至2025年，该公司已取得电网应用领域发明专利17项、实用新型专利13项、软件著作权22项、以钠离子材料为核心的国际专利15项以及国内发明专利40项。目前钠离子电池已经实现规模化量产，达到商业化应用水平。

（2）沈阳微控新能源技术有限公司——飞轮储能

沈阳微控新能源技术有限公司（简称“沈阳微控”）是国家高新技术企业，总部位于中德（沈阳）高端装备制造产业园，在深圳、洛杉矶设有研发中心，在国内多个城市设有分支机构，2023年获评“国家高新技术企业”。沈阳微控掌握了全球先进的磁悬浮轴承、高速永磁电动机/发电机及电力电子技术，拥有国内/国际专利41项，是辽宁省主动磁悬浮技术应用工程研究中心依托单位，承担了辽宁省、广东省（深圳市）多项重大专项或科技攻关课题的研发。微控磁悬浮储能飞轮产品采用五轴主动磁悬浮的轴承体系，飞轮在密闭的真空容器中处于无接触的完全磁悬浮状态，以每分钟高达37 000转的转速高速旋转，拥有业界较高的功率密度。产品充放电循环次数超过200万次，使用寿命长达20年。微控飞轮储能技术可广泛应用于电力、数据中心、工业、电信、医疗、交通运输等行业公司，产品全球部署规模近3 000台，稳定运行时间超过10万小时，验证了微控产品具备业界最佳的性能及品质。2023年，沈阳微控宣布其飞轮储能系统在电网调频领域实现商业化应用，与国家电网合作在东北地区部署多个示范项目，提升电网稳定性和可再生能源消纳能力。公司与多家新能源企业（如金风科技、远景能源）签署合作协议，共同开发“风光储一体化”项目。2023年6月完成B轮融资（金额未公开），资金用于扩大生产及研发。入选辽宁省“揭榜挂帅”科技项目名单，获政府补贴支持飞轮储能关键技术攻关。

（3）大连融科储能技术发展有限公司——全钒液流储能

大连融科储能技术发展有限公司（简称“融科储能”）是全球领先的全钒液流电池储能系统服务商，专注于全钒液流电池储能装备生产、工程建设和储能方案服务。公司坐落于大连市高新技术产业园区，坚持自主创新，拥有自主知识产权的高性能低成本电池核心材料（双极板、电解液、离子交换膜等）专利技术和电池系统设计集成技术；实现了电池材料的国产化和批量化生产，率先在光伏、风力发电、分布式储能等领域实施了液流储能电池的应用示范与商业化推广。

液流储能电池具有能量转换效率高、系统设计灵活、蓄电容量大、选址自由、可深度放电、安全环保、维护费用低等优点，已成为大规模高效储能的首选技术之一；可广泛应用于太阳能、风能等可再生能源发电、智能电网、电动汽车快速充电站以及备用电源等领域，创造了巨大的经济效益和社会效益。

2023年，融科储能持续推进全球首个吉瓦级全钒液流电池生产线（辽宁大连），目标年产能300MW，于2025年6月正式投产；参与国内多个百兆瓦级储能项目，如新疆、甘肃等风光大基地配套储能项目，助力电网调峰；发布新一代高功率密度电堆，能量效率提升至80%以上；与中科院大连化物所合作研发低成本电解液技术，推动钒资源循环利用。

受益于中国《“十四五”新型储能发展实施方案》，全钒液流电池被列为重点技术，融科储能获得地方政府补贴及示范项目支持。

第7章

辽宁新能源产业发展面临的挑战

辽宁作为中国东北地区的重要省份，凭借其独特的地理位置、丰富的自然资源以及深厚的工业底蕴，在风电、太阳能发电、氢能、储能以及新能源汽车等多个新能源领域，已经积累了一定的产业基础和技术储备。与国内其他省份相比，辽宁在新能源领域展现出了其自身鲜明的优势，这些优势不仅为辽宁新能源产业的进一步发展奠定了坚实的基础，也为全国新能源产业的多元化发展贡献了力量。

在氢能研发方面，辽宁凭借其强大的科研实力和前瞻性的战略眼光，已经在全国范围内处于领先梯队。辽宁的科研机构和企业不断突破关键技术，推动氢能产业链的延伸和完善，为氢能的大规模应用提供了有力的技术支撑。这不仅有助于提升辽宁在氢能领域的核心竞争力，也为全国氢能产业的发展树立了标杆。在新能源装备制造方面，辽宁拥有一批优秀企业。这些企业在风电、太阳能发电等领域具有强大的制造能力和市场竞争力，不仅为辽宁新能源产业的发展提供了坚实的装备保障，也为全国新能源装备制造业的转型升级和高质量发展作出了重要贡献。在新能源汽车产业链布局方面，辽宁相对完整，涵盖了从原材料供应、零部件制造到整车生产等各个环节。这种完整的产业链布局不仅有助于降低生产成本，提高生产效率，也为新能源汽车的普及和推广提供了有力的支撑。

然而，尽管辽宁在新能源领域取得了一定的成绩，但在新能源产业规模、核心竞争力、市场份额以及绿电消纳等方面，与全国先进水平相比，仍然存在较大的差距。这主要体现在新能源产业的整体规模相对较小，缺乏具有全球竞争力的领军企业；在核心技术研发和市场开拓方面，还有待进一步加强；同时，绿电消纳能力也有待提升，以更好地适应新能源产业的发展需求。

7.1　外部风险制约新能源产业高质量发展

7.1.1　资源端控制和原料垄断风险

我国新能源产业是典型的“中国制造、世界市场”，在原料资源供给端，我国新能源产业家底薄弱、内供不足。镍、钴、铜、铝、锰、铬、锆、铍、铂族金属等资源储量全球占比不足5%，锂也仅占7%。境外资源分布和生产又高度集中，上述资源储量和产量前三位的国家全球占比超60%。我国未来对锂等稀有矿物质的需求将继续飙升，风能、太阳能和电池技术将继续面临越来越多的供应链障碍。未来新能源矿产资源高度集中的资源大国或将成为新的地缘政治热点，我国将面临境外供应风险加剧、国际能源治理体系不利等诸多挑战。

以锂资源为例，锂具有轻、硬、耐腐蚀等诸多优点，是核能、电池、储能领域的重要关键性原料。近些年锂资源稀缺性急剧上升，价格不断上涨。尽管锂电池有钴酸锂、三元材质、锰酸锂、磷酸铁锂等不同技术路线，但没有锂材料，锂电池就无法实现正常的充放电过程。每辆新能源汽车，平均都要消耗40千克至500千克碳酸锂作为电池的原料。锂资源因浓度特别小，提炼难度非常高，在大规模应用情境下显得尤为稀缺。此外，大规模锂电池尚未形成完善的规模化回收再利用，锂资源的供给成为制约新能源产业发展的重要资源因素。目前，全球拥有锂资源10 500万吨，主要蕴藏于盐湖卤水和硬岩当中。其中，盐湖卤水中的锂资源大概占全球锂资源的90%，大多分布于玻利维亚、阿根廷、智利。玻利维亚锂储量为2 310万吨，居世界第一位；阿根廷锂储量为2 205万吨，位居第二；智利锂储量为1 050万吨，位居第三。以上三国合计占世界锂资源储量的53%。根据国际能源署的预测，若世界在2050年实现净零排放，则在2040年时锂资源需求缺口将达到179万吨。若仅依靠现有以及在建锂矿生产能力，到2030年时全球将呈现50%左右的锂需求缺口。基于锂资源对新能源产业的重大影响以及分布不均衡的现实，欧盟已将锂列为14种关键原材料之一，美国将锂列为43种重要矿产资源之一，中国也将锂列为24种国家战略性矿产资源之一。可见，锂资源具有高度稀缺性和战略重要性。

7.1.2　国际市场的不确定性风险

在市场销售端，近年来，我国风电、光伏、储能以及新能源车等新能源全产业链实现了飞跃式发展，相关产品在国际市场上的竞争力显著提升。特别是在光伏领域，中国已经占据了全球市场的绝对主导地位，目前全球75%至80%的光伏电池产能源自中国。在风电制造领域，中国同样展现出了强大的实力，已成为全球最大的风电装备制造业基地，风机产量占全球总量的50%以上。

然而，我国新能源产业在海外市场的高占有率表面上看起来是行业发展的积极信号，但高度依赖国外市场也暴露出很大的脆弱性。这种脆弱性主要体现在国际市场的不确定性风险上。地缘政治因素是影响国际市场稳定性的重要因素之一。不同国家和地区之间的政治关系复杂多变，一旦地缘政治局势紧张或发生冲突，很可能导致相关国家的贸易政策、投资政策等发生剧烈变化，从而对我国新能源产品的出口造成不利影响。经济制裁也是国际市场不确定性风险的重要来源。一些国家可能会出于政治、经济或安全等方面的考虑，对特定国家或地区实施经济制裁，限制或禁止与其进行贸易往来。这种制裁措施往往具有突发性和不可预测性，一旦实施，将对我国新能源企业在相关市场的业务造成巨大冲击。此外，贸易规制的变化也是国际市场不确定性风险的重要组成部分。各国为了保护本国产业、维护市场秩序或实现其他政策目标，可能会不断调整和完善贸易规制。这些规制的变化可能涉及关税、配额、反倾销措施等多个方面，对我国新能源产品的出口构成潜在威胁。

这些不确定性风险不仅增加了我国新能源企业在国际市场上的运营难度，还容易导致国内企业在境外的无序和低价竞争。为了争夺市场份额，一些企业可能会采取降价策略，从而引发价格战，损害整个行业的利益。同时，过度依赖国外市场还可能导致国内产能过剩，一旦国际市场需求下降，将对我国新能源产业造成巨大冲击。

7.1.3　技术标准和政府规制风险

我国新能源产业虽然发展迅速，但在技术标准、产品检测、碳排放测算及认证等关键领域，与发达国家相比仍存在明显差距。目前，我国尚未形成一套与国际接轨、全面支撑新能源产业发展的技术服务体系，这直接导致了我国新能源产品在国际市场上时常遭遇标准不符、认证难通过的困境。行业报告显示，约有30%的中国新能源出口企业因不符合国际标准而错失海外订单，其中碳排放相关标准的不匹配是主要原因之一。

此外，新能源企业在“走出去”的过程中，还需跨越政府许可的重重障碍。这包括但不限于投资许可、环境许可、建设许可、并网许可以及商业运营许可等，每一项都需经过严格审查，耗时费力。更为严峻的是，美国等西方国家利用其在全球标准和认证体系中的主导地位，不断制定和修订规则，如通过制定国民清单、军工企业清单等方式，对我国企业实施针对性限制，进一步压缩了中国新能源企业在国际市场的活动空间。这些措施不仅增加了我国企业的运营成本，还可能引发贸易争端，影响双边乃至多边经贸关系。

综上所述，光伏产业及新能源企业在面对国际贸易壁垒时，亟需加快技术创新，完善碳管理体系，同时积极参与国际标准制定，提升我国在全球新能源产业链中的地位，以有效应对日益复杂的国际贸易环境。

7.1.4 贸易保护政策干扰国际贸易的正常秩序

2023年，全球低碳能源转型领域总投资1.8万亿美元，创历史新高，同比上涨17%。投资增长主要得益于可再生能源、电动汽车、氢能和碳捕获等领域的发展。其中，中国2023年能源转型总投资6 760亿美元，排名全球第一。中国光伏产业具有全球最完整的供应链，在光伏各环节其全球市场份额均超过80%。随着中国新能源产业的快速崛起，一些国家开始采取贸易保护措施，如加征关税、调整补贴政策等，以保护本国产业。

关税方面：加拿大宣布对电池和电池部件、太阳能产品等领域的中国产品加征新关税。巴西经济部外贸委员会决定从2024年1月开始针对纯电动车、插电式混合动力车和油电混合动力车等新能源汽车征收进口关税，并逐步提高关税税率至35%。2024年2月，美国商务部工业和安全局（BIS）发布了预先通知（ANPRM），声称将对内嵌外国信息和通信技术及服务（ICTS）的网联汽车启动国家安全相关审查，并重点关注中国私营企业。2025年1月，美国发布该通知的最终规则，并于2025年3月17日生效。

补贴政策方面：美国一方面保护主义抬头，采取各种贸易限制政策，层层加码关税壁垒，另一方面又通过《通胀削减法案》《基础设施投资与就业法案》等法案，向本土光伏产业实施大规模涉嫌反多边规则的补贴，严重破坏了全球新能源贸易环境。美国直接推出产业政策，其公布的总金额为4 300亿美元的《通胀削减法案》中，有3 690亿美元名义上是用于保护气候变化，但实际上是拟对美国本土制造的锂电、光伏等新能源产品进行高比例现金补贴或税收优惠补贴，前提是汽车必须在美国和北美地区进行总装，而且所使用的电池及制造电池的原材料均应来自北美地区。同时美国与其“可信任友好国家”间构建供应链合作和贸易关系，干扰国际贸易的正常秩序。

7.1.5 碳关税、碳足迹壁垒冲击海外竞争

美国近年来持续对中国大陆锂电、光伏产品征收关税。欧盟也步其后尘，祭起碳关税大旗，实施碳边境调整机制（又称“碳关税”），并于2023年10月起试运行，计划于2026年全面实施，锁定的行业包括电力及钢铁、铝等高碳排放和高能源消耗的行业，未来这些进口产品需要符合欧盟气候标准，加大了中国企业新能源产品的出口难度。

除了关税这一直接的经济壁垒外，光伏产业面临的国际贸易壁垒日益复杂多样，其中碳足迹要求成为了一个不可忽视的新挑战。近年来，多个发达国家如韩国、法国、意大利和瑞典等，纷纷出台相关政策，对进口的光伏产品设定了严格的碳足迹门槛。这些国家通过要求生产商提供从原材料采集到产品废弃处理全过程的碳排放数据，旨在构建一个绿色壁垒体系，以此限制中国等发展中国家光伏产品的市场竞争力。据不完全统计，自这些政策实施以来，我国光伏产品出口至上述国家的年增速平均下滑了约5个百分点，部分高能耗产品甚至面临被直接拒之门外的风险。

在电池领域，欧洲呼吁建立本土锂电池及光伏制造产能，针对锂电池碳足迹、可持续性等提出要求构建“碳壁垒”。

2024年2月，《欧盟电池和废电池法规》（即“新电池法”）正式实施，要求对欧盟市场上的电池产品进行全生命周期的碳足迹监管，包括上游矿产、原材料、电池生产、回收利用等全链条。该法规规定，自2024年7月开始，容量大于2kWh的可充电工业电池、电动汽车电池和轻型运输工具电池等必须强制申报产品碳足迹数据，并在3年后达到相关碳足迹的限值要求。到2026年，这三种电池还必须拥有“电池护照”，才能在欧盟市场上销售。按照规划，至2027年7月，相关电池产品的碳足迹需达到法案设定的具体限制标准，否则将面临市场准入限制或高额罚款。欧盟推出的“新电池法”将碳足迹管理提升到了一个新的高度。该法案自生效之日起，便要求所有在

欧盟市场销售的动力电池及工业电池必须完成产品全生命周期的碳足迹评估与申报。这一规定不仅覆盖了生产阶段，还延伸到了原材料采购、运输、使用及回收处理等各个环节。这一举措无疑加剧了我国电池企业的出口压力，特别是对于那些尚未建立完整碳管理体系的企业来说，挑战尤为艰巨，必将会大大提高中国新能源汽车企业出口成本，其国际竞争力将受到显著冲击，其他国家和地区也可能效仿此类碳壁垒政策。

7.2 技术能力和水平成为新能源产业高质量发展的主要障碍

我国新能源产业经过多年发展与积累，在工程科技领域具备了相对技术优势，部分已达到或接近世界领先水平，但在高端新能源材料领域，我国与国外先进水平相比仍存在较大差距。光伏胶膜的核心原材料之一——聚烯烃弹性体（POE）全部依赖进口；高性能硅碳负极、高端隔膜材料离国际先进水平还有差距。氢燃料电池方面还存在着质子交换膜、膜电极、碳纸以及储氢材料等关键材料的“卡脖子”问题。新能源汽车行业芯片短缺仍然是制约其发展最大的瓶颈之一。近年来受地缘政治的影响，发达国家对我国需要的核心技术进行封锁，依赖引进技术提升国内新能源行业水平的模式正在经历着前所未有的挑战。

科技创新是发展新能源的关键，虽然辽宁省从事新能源技术研发的人员并不在少数，但企业的专利研发能力不强，技术实力较强的公司较少，与国内其他地区相比也仍然有较大差距。以风电为例，辽宁省生产风电机组大型零部件的企业较少，大型风力发电设备关键零部件（如大型轴承、齿轮箱、变频器、叶片和发电机等）的生产供应能力存在较大的问题，以致风电机组在运行的过程中故障率较高。进口这些核心部件，不但价格较高，而且也不一定适合国内当地的风能状况。除此之外，核心部件的供应链比较薄弱，风电设备制造企业的工作任务基本上还处于组装的阶段，受到上游零件供应的影响，无论是风电设备生产企业，还是风场的建造都受到了一定的制约。总而言之，辽宁省地区风电行业还未进入良性循环发展的阶段。

对于国内风电行业发展来讲，虽然辽宁省发展较早，但与国外从20世纪30年代开始起步，以及内蒙古、新疆等地区从20世纪80年代初期开始发展风电相比，辽宁省缺乏风电研究基础和积累，缺少相关技术人才储备。在风电设备的研发能力方面，与国内外研究相比，还存在很大差距，风电技术总体上处于引进吸收先进技术阶段。辽宁省虽然可以实现风电设备自主研发和生产组装，但核心技术还需要引进，如在风力发电行业发展过程中，尤为重要的风力发电机组中的逆变系统、风机的控制系统和风电机组并网等方面，还要引进国外先进技术，这是辽宁省风电发展的主要瓶颈。如何将不稳定的风电安全、稳定地输入到整个电网系统中，是辽宁省风力发电发展过程中面临的重要挑战。

7.3 融资渠道不畅抑制产业优化升级

新能源产业作为推动经济转型升级的重要力量，在辽宁省的发展同样面临着融资困难的严峻挑战。这一挑战不仅限制了新能源技术的研发与应用，还影响了整个产业链的健康发展。新能源产业投资规模巨大，特别是在辽宁这样的老工业基地，转型过程中对新技术的引入、设施的升级以及资源的整合都需要巨额资金支持。然而，由于金融体系对新能源产业的支持力度有限，企业往往难以获得足够的融资。以光伏产业为例，辽宁地区的光伏企业在技术研发、生产线升级以及项目扩建等方面均需大量资金投入。然而，由于新能源产业的特性，如研发周期长、开发费用高昂、投资回报相对较慢，使得投资风险显著提升，进而影响了社会资本的投资热情。在“十三五”初期，新能源相关政策尚未明朗，社会资本对投资新能源产业持谨慎态度，企业融资难度加大。

据统计，辽宁地区的新能源企业约有60%的资金来源于企业自身积累或银行贷款，社会资本参与度较低，这无疑加剧了企业的资金压力。

在能源开发企业层面，由于“碳达峰、碳中和”战略目标提出前，新能源政策环境的不确定性，使得企业融资更加困难。许多光伏项目因资金链断裂而被迫中止，企业面临生存危机。银行出于风险控制考虑，对新能源企业往往采取保守态度，贷款审批严格，进一步加剧了企业的融资困境。这种恶性循环导致新能源企业无法及时进行技术升级，项目开发进度缓慢，整个产业失去了应有的活力。

地方政府在新能源产业的直接扶持政策方面也存在不足。虽然辽宁省在科技创新等方面给予了一定的技术奖励，但在融资、贷款等方面的政策倾斜相对较少。特别是在电价补贴方面，随着“十二五”期间国家电价补贴政策的刺激，光伏、风电等新能源产业迅速发展。然而，进入“十三五”后，补贴力度逐年减少，至2021年，国家对新备案集中式光伏电站、工商业分布式光伏项目和新核准陆上风电项目的补贴优惠政策已全部取消。多数地方政府也未对可再生能源发电实施专门的电价补贴，这进一步增加了新能源企业的运营成本，降低了其市场竞争力。

7.4　新能源消纳的多重制约

7.4.1　新能源消纳的技术制约

（1）电力供给需求可能不平衡，当火电压力过大或需要避开时，无法有效消纳大量新能源电力，导致供需矛盾加剧。（2）新能源发电的间歇性和不确定性是对电网调度的巨大挑战，使得电网在接纳新能源时面临较大压力。针对新能源的间歇性和不确定性，发展大规模储能技术是最优的思路。但是，目前尚缺乏技术、经济可行性都较高的新能源储存及输送途径。尽管抽水蓄能电站等储能技术已经得到应用，但其对水源和工程应用场地有特殊要求，不利于大面积推广。而电池储能等新型储能技术虽然具有较大潜力，但成本较高，尚未实现大规模商业化应用。（3）电网建设相对滞后，部分地区的配电网和主网线路输送容量有限，无法充分输送分布式光伏等新能源电力，进而导致能源浪费和电网阻塞等问题。（4）新能源发电基地往往远离负荷中心，需要建设高电压等级、远距离、大容量的外送通道，但通道建设的经济性尚存疑问。

7.4.2　新能源与火电机组存在利益冲突

当前，火电等传统电源参与市场主要依赖发电量获取收益。随着新能源进入电力市场的规模增加，电力市场利益格局发生了巨大变化。首先，在新能源优先出清的机制下，此前相对便宜的发电机组成为边际机组，总体上拉低了市场出清价格，各类电源在能量市场收益逐步收窄。极端情况下，省内全部火电机组处于最小技术出力亦超过竞价空间，大部分发电机组为了开机选择报零电价，导致现货出清价格触及“地板价”，挤压了传统电源在能量市场的收益。其次，原先基于标杆价格政策等投资建设的电源，仅由电能量市场竞争形成的价格收益水平，往往难以覆盖这部分机组的前期投资回收，产生搁浅成本，影响存量机组的可持续运营。再次，火电等传统能源逐步转为调节性电源，发电量不断减少，更多体现在负荷高峰时刻的顶峰、备用作用。然而，现行电力市场机制未能提供价格信号反映其顶峰、备用价值，难以引导投资建设。

7.4.3　双轨制带来的市场结算不平衡

在集中式电力市场模式下，电力市场的运作遵循着一定的规则和机制。其中，优先发电和用电的统一出清是市场运作的重要一环。这一机制下，优先发电计划被巧妙地融入市场体系中，为市场化用户提供了必要的电量支持。然而，随着电力市场改革的深入推进，双轨制带来的市场结算不平衡问题逐渐凸显出来。按市场规则，优先发电应当接受现货市场价格进行结算。这意味着，优先发电的电量在市场上的价格应当与现货市场的价格保持一致，以确保市场的公平性和透明度。同时，对于场外部分，则按照产业政策进行价差结算，以体现政府对特定产业的扶持和引导。然而，在实际实施过程中，市场价格和协议价格往往被混为一谈。这主要是由于电力市场的复杂性和多样性所致。在电力市场中，存在着多种不同类型的发电企业和用户，他们之间的交易方式和价格机制也各不相同。因此，在实际操作中，很难确保市场价格和协议价格的完全分离和清晰界定。这种市场价格和协议价格的混淆，导致了市场结算的不平衡。具体来说，在某些时段，向市场化用户收取的费用可能低于向优先发电和市场化机组支付的费用。这种收支不平衡不仅损害了市场的公平性和透明度，也影响了电力市场的稳定和发展。为解决这一问题，需要进一步完善电力市场的规则和机制。一方面，需要加强对市场价格和协议价格的监管和分离，确保两者之间的清晰界定和独立运作。另一方面，需要优化电力市场的结算机制，确保市场结算的公平性和合理性。同时，还需要加强电力市场的信息披露和透明度建设，提高市场参与者的知情权和参与度。总之，双轨制带来的市场结算不平衡问题是电力市场改革过程中需要重点关注和解决的问题之一。只有通过不断完善电力市场的规则和机制，才能确保电力市场的公平、透明和稳定发展。

7.5 政策供给不足，顶层设计缺失

当前新能源开发利用在辽宁地区乃至全国范围内都面临着成本高昂、开

发规模有限、资源分布零散以及生产技术相对落后的问题，这些问题直接削弱了新能源在能源市场的竞争力。辽宁作为我国的老工业基地之一，其能源结构转型和新能源发展更需紧密结合本地实际，但顶层设计上的政策供给不足，仍然需要进行更深层次的制度创新。

首先，从新能源开发的成本角度来看，由于技术成熟度不足和规模效应未能充分发挥，无论是风电、太阳能还是其他新兴能源形式，其初期投资、运维成本均较高，这直接限制了新能源项目的广泛推广和商业化应用。加之辽宁地区新能源资源分布相对分散，难以形成大规模、高效率的开发利用格局，成本问题进一步加剧。

其次，激励机制的不完善也是制约新能源开发的重要因素。目前，针对风电、太阳能等新能源的激励措施，如税收优惠、补贴政策等，尚存在覆盖不全、力度不够的问题。缺乏有效的市场激励机制，难以充分调动企业和社会资本投资新能源的积极性，从而影响了新能源产业的快速发展。

新能源产业政策作为政府引导市场、促进产业升级的重要手段，其完善程度直接关系到新能源产业的健康发展。然而，现阶段辽宁地区乃至全国的新能源产业政策还存在明显不足。一是政策补贴结构不合理，过于集中在新能源产品的制造环节，而对于前期的研发创新、中期的示范应用以及后期的运维服务阶段支持不足，形成了“两头冷，中间热”的现象，不利于产业链上下游的均衡发展。二是产业补贴政策中，限制性和约束性条款较多，而鼓励性和支持性政策相对较少。这种政策导向不仅限制了企业的创新活力，还可能抑制市场的多元化发展，使得新能源产业在技术创新、商业模式探索等方面进展缓慢。缺乏足够的激励政策，企业在新能源技术研发、市场推广等方面的积极性受阻，不利于形成创新驱动的发展模式，长远来看，将阻碍新能源产业的持续健康发展。

7.6 专业人才短缺，掣肘新能源产业发展

截至2024年底，全国可再生能源装机总量达到18.89亿千瓦，这一成就不仅彰显了我国在新能源领域的雄厚实力，也标志着我国在全球能源转型中扮演了举足轻重的角色。具体而言，我国在水电、风电、光伏发电以及生物质发电等领域的装机规模均稳居世界第一，这不仅是对我国新能源技术创新能力的高度认可，也是对我国新能源产业发展战略的有力证明。然而，随着新能源产业的蓬勃兴起，人才紧缺的问题越来越凸显。在新能源产业链中，两类人才尤为稀缺：一是高端技术研发和运维管理人员；二是既懂交易又懂技术的复合型人才。以光伏发电为例，太阳能光热发电作为技术密集型和资金密集型的典范，其产业链中的聚光吸热、存储热等关键环节，无一不需要高精尖的技术人员提供强有力的支撑。而要将这些环节紧密耦合，形成一个高效、稳定的系统，更需要大量具备跨学科知识和实践经验的专业人才。

当前，我国仅有少数高校开设了这一专业或相关方向，导致毕业生数量远远不能满足市场需求。同时，企业在人才培养方面也存在诸多问题，如缺乏系统性的标准和规范，尚未形成成熟的新能源专业人才培养体系、路径和资源。这不仅限制了人才的成长和发展，也制约了新能源产业的持续创新和升级。

第8章

新能源产业发展：经验与借鉴

8.1 山东新能源产业发展借鉴

山东省政府高度重视新能源产业发展，出台了一系列政策文件和规划，为新能源产业发展提供了有力保障。例如，山东发布了《山东省新能源产业行动计划（2024—2025年）》，明确了新能源产业的发展目标、重点任务和保障措施。此外，山东积极推动新能源项目建设，如《鲁北盐碱滩涂地风光储输一体化基地“十四五”开发计划》的实施，推动了东营市河口区等地区的新能源产业发展。

山东坚持先立后破，通过聚焦可再生能源、核电、外电入鲁、天然气“四大板块”做加法，煤炭去产能和关停淘汰落后燃煤机组做减法，加快构建清洁低碳、安全高效的现代能源体系。一方面，大力推动煤炭清洁高效利用，“十四五”以来，累计完成煤电机组“三改联动”86台次、4 230.5万千瓦，争取新增煤电建设规模900万千瓦和“先立后改”淘汰落后产能建设规模502.5万千瓦，分别居全国第二和第一位。另一方面，加快发展新能源和可再生能源，海上风电实现并网发电“零突破”，累计并网规模达310万千瓦，光伏发电装机持续保持全国第一。截至2024年年底，全省新能源和可再生能源发电装机达到11 559.7万千瓦，占比达到48.7%，比去年年底提高1 859亿千瓦时，同比增长17.8%。

大力发展新能源。加快实施新能源倍增行动，统筹推动太阳能、风能、核能等开发利用，完成可再生能源电力消纳责任权重。加快发展光伏发电。坚持集散并举，开展整县屋顶分布式光伏规模化开发建设试点示范，打造鲁北盐碱滩涂地风光储输一体化基地、鲁西南采煤沉陷区百万千瓦级“光伏+”基地，加快探索海上光伏基地建设。大力推进风电开发。以渤中、半岛南、半岛北三大片区为重点，打造千万千瓦级海上风电基地，推动海上风电与海洋牧场融合发展试点示范，有序推进陆上风电开发。积极安全有序发展核电。围绕打造胶东半岛千万千瓦级核电基地，全力推进海阳、荣成等核电厂开发。加快推进核能供热、海水淡化等综合利用。探索推动核能小堆供热技术研究和示范应用。培育壮大氢能产业。加强工业副产氢纯化技术研发和应用，积极推进可再生能源制氢和低谷电力制氢试点，培育“风光+氢储能”一体化应用模式。实施“氢进万家”科技示范工程，促进完善制氢、储（运）氢、输氢、加氢、用氢全产业链氢能体系。因地制宜发展其他清洁能源。统筹推进生物质能、地热能、海洋能等清洁能源多元化发展。到2030年，光伏发电、风电、核电、生物质发电装机分别达到9 500万千瓦、4 500万千瓦、1 000万千瓦和500万千瓦。

加快发展清洁低碳能源，深度调整能源结构。优先发展非化石能源，坚持集中式与分布式并举，加快推进海上风电基地建设，有序推进陆上风电开发。严格控制化石能源消费，严格实施煤炭消费减量替代，推进煤炭清洁高效利用，实现煤炭消费比重稳步下降。实施天然气供应能力提升行动，完善山东天然气环网，科学布局天然气调峰电站。培育发展能源新技术新模式，加快发展氢能全产业链，探索“风光+氢储能”技术路径，探索氢能在更多场景应用，建设全国氢能产业发展高地。

（1）鲁北盐碱滩涂地风光储输一体化基地基本情况

鲁北盐碱滩涂地风光储输一体化基地作为山东省乃至全国新能源发展版图中的一颗璀璨明珠，承载着推动能源结构优化、促进绿色低碳转型的重要使命。这一基地巧妙地利用了潍坊、东营、滨州等地丰富的盐碱滩涂地资源，通过科学规划与技术创新，将原本难以利用的土地转变为新能源生产的宝地，为山东省乃至全国的能源结构调整和生态文明建设树立了新的标杆。根据规划，整个基地的装机规模将达到惊人的4 800万千瓦，其中光伏发电占据主导地位，达到4 400万千瓦，风电则为400万千瓦。这一规模不仅在国内首屈一指，在全球范围内也属前列。滨州市作为主战场，其获批的规划面积达到55.92万亩，装机规模更是高达2 118万千瓦，充分展示了山东省在新能源发展上的决心和魄力。

（2）基地特色

风光同场互补优势：基地充分利用了盐碱滩涂地的独特优势，将光伏和风电两种新能源有机结合，实现了风光互补。在阳光充足的日子里，光伏电站可以高效发电；而在风力强劲的时候，风电场则成为主要的电力来源。这种互补效应不仅提高了能源利用效率，还增强了电力系统的稳定性和可靠性。

储输并举的智慧管理：为了确保电力的稳定输出和调峰需求，基地配套建设了大规模的储能设施。这些储能设施可以在电力过剩时储存电能，在电力不足时释放电能，从而实现了电力的平稳调度和高效利用。同时，基地采用了先进的智能技术，对能源进行精细化管理和优化调度，进一步提高了运营效率。

产业融合的绿色发展：基地在建设过程中，注重与当地产业的融合发展。通过“渔光互补”“盐光互补”等创新模式，基地在提高土地利用效率的同时，促进了当地渔业和盐业的发展。这种产业融合的发展模式不仅带来了显著的经济效益，还实现了生态与经济的双赢。

生态友好的绿色发展理念：在新能源开发的过程中，基地始终秉持生态友好的绿色发展理念。通过科学合理的规划和严格的环保措施，基地确保了新能源开发与生态保护之间的平衡。例如，在光伏电站的建设过程中，采用了高支架、大间距的设计方案，为下方的植被生长提供了充足的空间；同时，加强了对周边环境的监测和保护，确保了新能源开发与生态环境的和谐共生。

（3）项目成效

项目建设与并网发电：自基地启动建设以来，多个大型风光储输一体化项目已经陆续开工建设并并网发电。这些项目的成功实施不仅为当地经济发展注入了新的活力，也为新能源产业的发展提供了有力的支撑。

经济效益与社会效益：通过创新的发展模式，基地在提高土地利用效率的同时，带来了显著的经济效益和社会效益。“渔光互补”模式使得渔业养殖与光伏发电实现了共赢；而“盐光互补”模式则使得盐业生产与光伏发电相得益彰。这些创新模式不仅提高了土地资源的利用效率，还促进了当地产业的转型升级和经济发展。

环境效益与生态贡献：基地的建设对于减少碳排放和环境污染具有重要意义。通过大规模的新能源开发，基地将有效替代传统的化石能源消费，从而减少二氧化碳、二氧化硫等污染物的排放。同时，基地注重生态保护和环境治理工作，通过植树造林、湿地修复等措施，改善了当地的生态环境。

8.2 江苏新能源产业发展借鉴

江苏省是新能源大省，先后出台了一系列的新能源政策，包括采用购电模式，提高储能装置比例，开展分布式光伏发电，推广家庭太阳能热水器等。江苏省鼓励投资建设储能、风电、光伏等新能源项目，并对新能源发电的电价给予补贴和优惠等措施，极大地促进了新能源的发展。截至2022年年底，江苏省营收超20亿元的新能源企业有36家（比如天合光能、阿特斯、远景能源等知名企业），位居全国第一，其中锂电10家，风电3家，光伏20家，电力3家。2022年全省营收规模超5 000亿元，利润超300亿元。

在“双碳”目标引领下，新能源相关产业保持较快增长态势。2023年上半年，锂离子电池、光伏设备及元器件、新能源车整车3个细分行业增加值（合计占规模以上工业比重6%）同比分别增长28.8%、36.9%、86.5%，增速远高于全省规模以上工业平均水平，合计对规模以上工业增加值增长贡献率达21.5%，拉动规模以上工业增加值增长1.8个百分点。充电桩、光伏电池、新能源汽车、汽车用锂离子动力电池等相关产品产量分别同比增长36.7%、44.5%、72.2%、18.6%。

对于化石能源本来就非常稀缺的江苏省来说，大力发展新能源产业，培育新的经济增长点更为重要。江苏省陆续制定了许多新能源产业发展规划方案，出台了多项产业政策，有效地促进了新能源产业的高质量发展。以新能源汽车产业为例，江苏省新能源汽车产销量从2017年占全国总产销的8%左右上涨到2018年的13%，到2019年超过15%，标志着江苏省新能源汽车产业发展地位的提升。进一步，从产值上看，2017年江苏省新能源产业总产值达3 388亿元，同比增长11.4%，其中光伏产业占比约60%，风电产业占比约20%，领先全国行业平均水平。从技术水平上看，根据科技部发布的第五次技术预测报告，江苏省能源领域有4项技术处于领跑水平，1项技术处于并跑水平，1项技术处于跟跑水平。截止到2019年3月，我国光伏领域专利申请量约88 000件，其中，江苏省的专利申请量超过20 000件，远超其他省市专利申请数目。但是，和传统能源产业相比较，新能源产业仍然处于初级发展阶段。由此，虽然江苏省新能源产业发展非常迅猛，但是同样存在技术发展缓慢等诸多问题。因此，首先，必须认真分析江苏省新能源产业发展的现实状况，从碳中和视角探寻推动江苏省新能源产业发展的路径和对策，才能更加有效地发挥新能源产业对江苏省产业结构升级的重大作用，为按时甚至提前达到碳排放峰值，进一步降低碳排放量，做出应有的贡献。

江苏省光伏产业发展非常快，一直走在国内同行业前列，光伏产业链比较完整，技术处于领先地位，具有良好的发展环境和明显的规模化优势。光伏产业已经成为江苏省最具有国际竞争力和发展潜力的新能源产业之一。截止到2020年，江苏省的光伏产业一直是领先全国，和光伏产业相关的企业总计超过了600家，相关从业人员约12万人，总产值接近4 000亿元，年产值超过10亿元的光伏相关企业超过了20家，相关产品出口到全世界100多个国家和地区，光伏产业技术创新水平走在全球前列，形成了原材料开采、加工、铸锭、拉晶、切片、电池片和系统集成等相对完整的产业链。2007年，在无锡和盐城等地不断有新的太阳能光伏企业涌现，无锡尚德已经跻身世界光伏产业前10强，其产能占全国太阳能电池总产能的60%。另外，2010年，南通强生光电引进世界最先进的2.5万千瓦的非晶硅太阳能薄膜电池生产线，同时，建成了全国首座普及型光伏电站。截止到2023年，江苏省光伏产业已经形成了以硅材料和太阳能电池及配套检测等产业为主导的五大产业基地集群，其中主要有：以徐州和连云港为重点的硅材料产业基地；以无锡、常州、南京和扬州等城市为重点的光伏产业基地；以苏州、南通、淮安等城市为重点的光伏生产和检测产业基地；以镇江和泰州为重点的配套材料和集成系统产业基地等。

江苏省位于中国风能资源较为丰富的区域，尤其是近海海域风能资源更为丰富，这也为大规模、超大规模海上风电发展创造了非常大的空间。因此，江苏风电装备产业链相对完整，以风电整机领域的远景能源为代表的本土企业快速成长。比如，风电叶片材料领域的九鼎新材、恒神股份等企业，叶片领域的天顺风能、中复连众等企业，主控系统领域的国电南瑞、科远智慧等企业，发电机领域的明阳智能、中电电机等企业。江苏省正抓住当前国家风电政策的机遇和利用现有资源的优势，促进风电产业集群发展，形成布局完善、产业集聚式发展的格局。近些年来，江苏省在风能资源的开发和利用方面进行了广泛调查，设立了相关开发计划，不断积累经验和技术。江苏省风电设备制造业随着风电的不断开发逐渐完善，逐渐形成了很多产业集群，例如，重要零部件的研发、风电整机的加工和销售等业务，逐渐形成了完善的产业链条。从《江苏沿海地区发展规划（2021—2025年）》和《江苏省风力发电发展规划（2006—2020年）》可以看出，很多风电场位于连云港、盐城、南通沿海等地；潮间带风电场分布在岸外的辐射沙洲；海上风电场分布在海州湾及其南部海上海域。由此，江苏省海上风电场主要由4个风电基地构成，其中包括连云港及盐城北部、盐城东部、盐城南部和南通基地。

从资源分布来看，江苏省具有发展生物质能源的得天独厚的条件。江苏省是农业种植大省，秸秆资源非常丰富，2020年其储量排名全国第七位。畜牧业也非常发达，其中以粮食型的猪畜为主，2017年其产值占畜牧业的87.4%。江苏省经济发展迅速，城镇化水平非常高，随着居民的生活水平逐渐提高，城市生活垃圾和废水量也在逐年增加，其中含有的生物质能排名居全国前5位。2004年至2010年，江苏省主要通过推广农村用沼气池和大型沼气池实现生物质资源的充分和有效利用，通过“一池三改”小型化沼气工程建设，实现生物质资源的充分利用和不断发展以及完善。另外，大型屠宰场、糖厂、酒厂等大型场所主要通过运用大中型沼气池实现生物质资源的转化和充分利用，但是大中型沼气池工程仍处在起步阶段。这样不仅能实现牲畜粪便、生活垃圾等废弃物的有效处理，也能实现环境保护，有效降低碳排放量。目前，江苏省大中型沼气工程已越过初期推广阶段，正处于商业化模式验证与技术降本的关键攻坚期，需解决原料供应链、终端消纳链的匹配问题，以突破产业化瓶颈。

不过，江苏新能源产业在发展过程中，也面临人才储备总量少，结构不合理，企业研发人才短缺，核心技术短缺，持续研发能力较弱，滞后现象严重，政府政策转换速度慢，企业研发力度较弱等问题。

8.3 福建新能源产业发展借鉴

“十三五”期间，福建省发挥资源优势，坚持清洁低碳的发展方向，安全高效发展核电，大力发展可再生能源，不断完善天然气基础设施，能源供应更有保障，能源结构更加优化。

福建省的能源保障能力持续增强。2020年能源消费总量为13 905万吨标煤，“十三五”年均增长约3.23%。“十三五”期间电力装机新增1 557万千瓦，至2020年总规模为6 487万千瓦；2020年全社会用电量为2 483亿千瓦时，最高负荷为4 223万千瓦，“十三五”年均增长6.0%。2020年天然气消费量为52.2亿立方米，“十三五”年均增长2.8%。“十三五”期间开工并建成投产中海油福建LNG接收站5、6号罐，全省LNG接收能力提高至630万吨/年，原油加工能力从1 400万吨提高至2 900万吨。

清洁能源技术发展取得重大突破。“华龙一号”全球首堆示范工程——中核集团福清核电5号机组建成投产；国内首台10兆瓦抗台风型海上风电机组在福建兴化湾二期海上风场投运；国家科技示范项目、国内首个大型百兆瓦级电网侧储能项目——晋江储能站投产运行；西气东输三线东段（吉安—福州）天然气管道福建段投产运行，福建形成多气源保障供给格局，完成国家天然气产供储销体系建设要求的储气能力目标。

能源结构不断优化。非化石能源快速发展。清洁能源消费比重从2015年的25.3%提高到2020年的28.1%。2020年风电、光伏装机规模分别达486万千瓦、202万千瓦，清洁能源发电比重为55.8%。

福建省“十三五”能源发展的主要成就见表8-1。

表8-1　　福建省“十三五”能源发展的主要成就

类别	指标	单位	2015年	2020年	年均增长或提高
能源消费总量及结构	能源消费总量	万吨标煤	11 863	13 905	3.23%
	其中：煤炭（原煤）	万吨	7 660	8 961	3.2%
	石油	万吨	2 029	2 263	2.2%
	天然气	亿立方米	45.4	52.2	2.8%
	清洁能源比重	%	25.3	28.1	[2.8]

续表

类别	指标	单位	2015年	2020年	年均增长或提高
能源消费总量及结构	非化石能源比重	%	20.2	23.4	[3.2]
	全社会用电量	亿千瓦时	1 852	2 483	6.0%
	用电最高负荷	万千瓦	3 150	4 223	6.0%
	人均综合用电量	千瓦时	4 649	5 967	[28.4%]
电力装机	总装机规模	万千瓦	4 930	6 487	5.6%
	其中：煤电	万千瓦	2 478	2 862	[15.0%]
	气电	万千瓦	386	391	—
	水电	万千瓦	1 180	1 211	[2.5%]
	抽蓄	万千瓦	120	120	—
	核电	万千瓦	545	986	—
	风电	万千瓦	176	486	[276.1%]
	生物质发电	万千瓦	30	80.3	[267.7%]
	太阳能光伏发电	万千瓦	15	202	[1 347%]
	清洁能源发电比重	%	47.8	55.8	[8.0]
	人均电力装机	千瓦	1.24	1.56	[26.0%]
节能环保	单位国内生产总值能耗降低	%	—	—	[16.86]
	煤电供电煤耗	克/千瓦时	325	310	[-4.6%]
	全社会电网综合线损率	%	6.6	4.6	[-2.0]

注：[ ] 为5年累计数。

资料来源：福建省人民政府. 福建省“十四五”能源发展专项规划 [S]. 2022.

福建新能源产业，以电池为最具代表性，而电池代表性企业首推宁德时代。福建宁德拥有世界最大的聚合物锂离子电池生产基地，2022年锂电新能源产业年产值超2 700亿元，产业规模已领跑全球，其中宁德市政府起到了关键的作用。根据市场的变化提前布局是宁德一以贯之的产业发展路径，从市场潜在风险的评估，到宁德市土地资源的情况分析，再到当前产业链重点发展环节都有详细梳理。在国家刚提出鼓励新能源车发展时，当地企业就看到了动力电池的市场潜力，宁德时代应运而生。但是由于没有产业基础，当时的宁德几乎没有一家可以为宁德时代配套的主材生产企业。为此，政府开始和龙头企业一起，从产业链各个环节逐项“查缺补漏”，分析缺少多少产能，需要引进什么配套。随着我国新能源汽车产业迎来爆发式增长，宁德全产业链布局的成果显现。2023年前5个月，宁德市新能源产业产值达到1 206亿元，同比增长40.3%，成为全国唯一一个动力电池国家级先进制造业集群。然而，伴随2020年至2025年原材料碳酸锂市场价格的巨大波动，以及产能快速增长带来的市场隐忧，宁德时代开始对钠离子电池材料进行研发，宁德时代不仅在技术端提前布局，确保产业链的稳定、安全，还将目光投向了下游应用市场。在宁德市2024年的招商项目中出现了许多与造船相关的配套产业，如电动船舶产业链等。

短短十几年间，宁德时代成长为动力电池系统使用量全球第一、储能电池出货量全球第一的全球领先的新能源创新科技公司。这离不开市委、市政府量身定做系列的精准科学的产业扶持政策和“宁德服务”品牌。十多年来，宁德市通过提级服务，成立以市委、市政府主要领导为组长的锂电新能源产业发展指挥部，搭建扁平化管理机构，对项目审批、征地用地、水电气路网配套保障等工作实行“日报告、周协调、旬分析、月通报”，保障龙头项目如期建成、投产达效。

宁德时代总部所在的宁德市在推动新能源产业发展方面，立足产业特色和发展需求，积极先行先试，探索并实践“四个一”工作法，促进宁德新能源汽车产业内外贸一体化进程提速，推动更高水平开放，实现更高质量发展。

打造一流产业链条。近年来，宁德市委、市政府敏锐抓住四大主导产业之间的关联度、协同性，深度梳理了产业发展之间的联系，推动全产业链布局、高精准定位，特别是聚焦新能源汽车产业补链延链建群，梳理形成新能源汽车“产业招商地图”，有针对性地开展“龙头招龙头”“产业链招商”“上门招商”，积极推动本土企业与新能源汽车“链主”企业有效衔接，加快汽车原材料本土化进程，形成互利互惠、合作共赢的产业发展模式，为宁德新能源汽车产业内外贸一体化发展奠定坚实的产业链基础。2017年以来，宁德市借力宁德时代龙头虹吸效应，依托企业年度供应商大会、主旨论坛、产业发展峰会等平台，主动介绍宁德、推介宁德。配套出台首个锂电产业政策——《宁德市促进锂电新能源产业发展七条措施》，重点在用地优惠、设备补助等方面支持产业链项目落地。对2017年首批明确入驻的32家产业链企业的落地建设，倒排项目建设进度、确定建设关键节点、制定项目任务清单、明确相关责任单位及责任人，在项目建设时同步全面推进水电气路网等基础配套建设，整合行政资源，推行预先审查、模拟推演办法，实现产业链项目和水电气路网等配套同步投产投用。2022年，全市签约新能源汽车产业项目18个，总投资45.74亿元，同比增长370%；上汽宁德基地项目完成整车生产26.19万辆（含KD件），实现产值285亿元，产能、产值分别同比增长14.9%、32.6%，带动产业链企业产值约为100亿元，同比增长42.9%。

深化一体区域联动。宁德市、县两级政府同频共振、齐抓共管，推出了新能源汽车从生产到销售再到场景应用的全过程政策支持，一体推进新能源汽车推广应用和产业发展。不仅有《巩固拓展经济向好势头的一揽子政策措施》等普惠性政策，还有专门的《宁德市促进新能源汽车产业发展的六条措施》和支持新能源汽车产业重大项目的“一企一策”，制定了《宁德市新能源汽车产业发展规划（2023—2025年）》《宁德市电动汽车充（换）电基础设施三年发展规划（2023—2025年）》等，为宁德新能源汽车产业内外贸一体化发展提供有力的政策支撑。2020年至2024年，宁德市实施中心城区5个互通口新能源汽车免费通行政策，连续4年累计安排700余万元用于开展新能源汽车促消费活动，市、县两级商务部门还同步投入上千万元开展9期汽车促消费活动，极大激发新能源汽车消费，有力促进新能源汽车推广应用。

建立一个工作专班。宁德市成立新能源产业工作专班，专班聚焦新能源汽车企业“急难愁盼”问题，围绕提升政企对接“精准性”、服务企业“精细化”、解决问题“精确度”，建立健全服务保障机制，每周定期召开专班办公会议，研究解决产业发展重点、难点问题，为宁德新能源汽车产业内外贸一体化发展给予全方位的跟踪服务。2023年，上汽宁德基地取得了1—8月累计产值217.5亿元，同比增长53%的优异成绩的同时，实现了“宁德造”汽车整车本港外贸滚装出口“零突破”，每月均有外贸汽车滚装出口，已逐步走向常态化。上汽宁德基地1—8月在宁德报关出口整车已达上万辆，出口额11亿元，成为宁德外贸出口的重要增量之一，统筹利用两个市场、两种资源的能力得到全面加强。

构建一套会商机制。宁德市构建深化开放合作工作会商机制，由市商务局负责召集，成员涵盖海关、税务等部门，定期分析研判内外贸形势，协调解决宁德新能源汽车产业内外贸一体化发展过程中遇到的堵点、淤点、难点问题，特别是发挥新能源产业工作专班办公室设在市商务局的优势，深入掌握新能源汽车产业发展具体情况，将破解新能源汽车企业在生产经营、货物通关、港口运输等方面问题作为会商机制工作重点，为宁德新能源汽车产业内外贸一体化发展创造良好环境。2022年3月，正式对外开放的宁德港口岸漳湾作业区，在全市上下共同努力下，仅用4个月就通过了国家验收，再次展示了“宁德速度”。2023年第二季度，宁德市向省商务厅推荐了14家申报内外贸一体化经营“领跑者”试点企业，其中2家新能源企业、1家汽车销售企业。

8.4 湖北新能源产业发展借鉴

湖北省清洁低碳进程持续加快。2020年年底可再生能源发电装机达到5 066万千瓦，其中新能源装机达到1 309万千瓦，是2015年的5.3倍，可再生能源、新能源消耗电量占全社会用电量比重分别由2015年的37%、3.7%提升至2020年的43.2%、9.1%。“十三五”期间，关闭煤矿298处，淘汰落后产能2 043万吨。2020年煤炭消费占一次能源消费比重为53.5%，比2015年下降7.7个百分点。“十三五”期间，天然气消费量为61.4亿立方米，年均增长7.6%，占一次能源消费比重由2015年的3.5%提升至2020年的5%。“十三五”期间，油品质量全面升级，全面供应国六标准车用汽柴油。“十三五”期间，全省20万千瓦级以上56台大型煤电机组全部实现超低排放，关停30台总装机70万千瓦小火电机组，煤电机组平均供电煤耗下降至302克标准煤/千瓦时；电能替代电量达到256亿千瓦时，电能占终端能源消费比重由2015年的17.2%提升至2020年的20.6%。“十三五”期间，全省单位地区生产总值能耗累计下降18%，单位地区生产总值二氧化碳排放量累计下降19.6%。

按预计，到2035年，湖北能源高质量发展取得决定性进展，以新能源为主体的新型电力系统建设取得实质性成效，基本建成清洁低碳、安全高效的现代能源系统，能源安全保障能力大幅提升。绿色能源生产和消费方式广泛形成，可再生能源装机占比达到70%以上，非化石能源消费比重在2030年达到25%的基础上进一步大幅提升，新增能源需求全部通过清洁能源满足，能源消费碳排放系数显著降低，碳排放总量达峰后稳中有降。能源治理体系和治理能力现代化基本实现，支撑美丽湖北基本建成。省内能源综合生产能力超过6 000万吨标准煤，发电装机达到11 400万千瓦，特高压外电输入能力达到1 300万千瓦，油气管道总里程达到8 900千米，储气能力达到6.5亿立方米，煤炭储备能力达到1 600万吨。武汉城市电网达到世界一流水平。以新能源为主体的新型电力系统加快构建，清洁能源成为能源消费增量的主体，全省新增用电量的50%由新增可再生能源电量提供，非化石能源占能源消费比重提高到20%以上，煤炭占能源消费比重降低至51%左右，天然气占能源消费比重达到7%左右，单位地区生产总值二氧化碳排放下降完成国家下达目标。

湖北省“十三五”能源发展的主要成就见表8-2。

表8-2　　湖北省“十三五”能源发展的主要成就

指标	单位	2015年	2020年	年均增长
能源消费总量	亿吨标准煤	1.55	1.63	0.9%
能源消费结构 其中：煤炭	%	61.2	53.5	[-7.7]
石油	%	22.2	24	[1.8]
天然气	%	3.5	5	[1.5]
非化石能源	%	13.1	17.5	[4.4]
全社会用电量	亿千瓦时	1 665	2 144	5.2%
一次能源生产量	万吨标准煤	5 083	5 653	2.1%
电力装机总量	万千瓦	6 411	8 273	5.2%
其中：火电	万千瓦	2 576	3 316	5.2%
水电	万千瓦	3 653	3 757	0.6%
风电	万千瓦	135	502	30%
太阳能发电	万千瓦	49	698	70%
油气管道总里程	千米	6 740	7 400	1.9%

注：[ ] 为5年累计数。

资料来源：湖北省人民政府. 湖北省能源发展“十四五”规划［S］. 2022.

以锂电为例，湖北省抓住新能源汽车产业快速发展这一机遇，大力发展锂电产业。研究机构EVTank、伊维经济研究院联合中国电池产业研究院共同发布《中国锂电产业特色城市十强研究报告（2022年）》，荆门市榜上有名，成为湖北省唯一入选城市。

8.4.1 以商招商，头雁企业带动整个锂电产业链

地处湖北中部的荆门市，近年来抢抓新能源产业风口，发挥亿纬锂能、格林美等锂电龙头企业“头雁”效应，引领一大批锂电产业链企业在荆门高新区抢滩登陆，形成锂电全生命周期产业链。随着亿纬动力第十区超级工厂项目开工，总投资108亿元的国内单体设计产能最大（截至2023年8月）的锂电池工厂建成达产后，亿纬动力产能将达212.6GWh，产值可突破千亿元大关。2012年至2023年，亿纬动力在荆门累计投资超300亿元，成为国内极少数能同时提供方形、软包、圆柱电池及电源系统全面解决方案的头部企业，产品广泛应用于新能源电动车（船）、储能、电动工具等领域，成为宝马、戴姆勒等名企供应商。2022年，亿纬动力创产值近170亿元，同比增长127%，占据亿纬锂能“半壁江山”，成为华中地区规模最大的动力储能电池产业基地。2023年，亿纬动力的动力电池、储能电池装机量分别排名全国第五、全球第三。从无到有、从小到大，千亿锂电集群逐步形成，“华中锂电之都”乘风而起。

在亿纬动力荆门基地周边，锂电池隔膜龙头恩捷股份、电池回收龙头格林美（荆门循环产业园）、电解液龙头新宙邦（荆门工厂）、锂电池结构件龙头科达利（荆门基地）等39家锂电产业链企业，扎堆形成“基础原材料制备—关键部件生产—电芯制造及模组封装—电池产品应用—废旧电池梯级回收利用”的锂电池全生命周期循环产业链完整集群。亿纬锂能已成为行业内极少数同时拥有消费电池和动力电池全面解决方案的锂电企业，产品应用于新能源电动车、电动船舶、储能、电动工具等领域，并成为华为、中国移

动、宝马等国内外企业供应商。

荆门恩捷股份隔膜项目紧邻亿纬动力，于2021年9月签约，总投资52亿元，将建设16条现代化的隔膜生产线，总产能16亿平方米，可满足100GWh锂电池产能需求。2023年8月第一条生产线全线贯通，9月投产。荆门成为恩捷股份在全国布局的九大生产基地之一，截至2023年9月完成投资20亿元。湖北恩捷股份工厂采用了全球最先进的一体化涂覆膜技术，产品高端。作为上下游配套商，亿纬锂能与恩捷股份已结成利益共同体。亿纬锂能参股湖北恩捷股份45%，还在恩捷股份总部所在地云南玉溪建厂。

格林美专门负责电池回收处理，在格林美荆门循环产业园区，生产线专门负责废旧动力电池拆解、破碎、热处理、梯度粉碎、湿法等一系列工序，最后实现电池再造。自2017年建成国内首条废旧动力电池回收处置生产线以来，截至2023年8月已建成4.5万吨产能，经过技术升级和装备创新，生产效率和工艺水平处于国内第一梯队。

专栏：　　　　　　　　　格林美公司

2001年12月，格林美股份有限公司（以下简称格林美）基于绿色生态制造的理想在深圳设立，先后于深圳证券交易所和瑞士证券交易所上市，总股本51.24亿股，净资产194.26亿元，年产值330余亿元，员工总数11 000余人。公司在国内率先提出“资源有限、循环无限”的产业理念，积极倡导通过开采城市矿山的商业模式来“消除污染、再造资源”，推进循环型社会的发展，遏制全球温室效应，是世界开采城市矿山的领导者与世界新能源产业的推动者，是世界领先的废物循环产业集团、世界新能源行业的核心供应商与中国循环经济领军企业。2024年，公司入围“中国民营企业500强”（位列第458位），蝉联“中国制造业企业500强”（位列第361位）与“中国制造业民营企业500强”（位列第305位）；2023年，公司入围“2022福布斯中国可持续发展工业企业TOP50”以及“2022胡润中国民营企业可持续发展百强”（位列第7位）。

公司的主营业务归属废弃资源综合利用行业与新能源行业，形成了“城市矿山开采+新能源材料制造”的双轨驱动业务模式。在城市矿山开采领域，公司回收利用废旧动力电池、电子废弃物、报废汽车、废塑料与镍钴锂钨战略资源等，主要再制造镍钴锂钨、金银铂钯、超细钴镍钨粉末材料与改性塑料；在新能源领域，公司制造动力电池用三元前驱体、三元正极材料与3C数码电池用四氧化三钴材料，是世界新能源供应链的头部企业。

公司主导组建了国家电子废弃物循环利用工程技术研究中心、国家能源金属资源与新材料重点实验室、国家企业技术中心等国家级创新平台，构建了中国在废物循环、资源再生、材料再制造的系统技术体系与知识产权体系，在全球申请专利3 767项，牵头制定/参与国家与行业标准475件，取得一批重大科技成果，先后获得国家科技进步奖2项、省部级一等奖10项。

公司在中国11省市以及南非、韩国、印度尼西亚等地建设了16个废物循环处理工厂与新能源材料制造工厂，构建以中国主要城市为中心的城市矿山回收开采体系，绿色发展的足迹辐射世界、覆盖中国40%以上国土面积，与超过5亿人口建立废物处理合作关系，循环再造钴、镍、锂、铜、钨、金、银、铂、钯、铑、镓、锗、铟、稀土等30余种稀缺资源，年回收处理退役动力电池与电子废弃物占中国总量的10%以上，年回收处理的报废汽车占中国报废汽车总量的6%以上，年回收的镍资源占中国原镍开采量的20%以上，回收利用的钴资源超过中国原钴开采量的350%以上，回收的钨资源占中国原钨开采量的6%以上。

公司被中国政府先后授予中国国家循环经济教育示范基地、国家生态环境科普基地、全国中小学环境教育社会实践基地、国家绿色工厂、国家城市矿山示范基地等国家荣誉，并斩获2018年达沃斯“全球循环经济跨国公司奖”与2020年保尔森可持续发展绿色创新奖，被作为全球废物再生成功案例载入世界知名《自然》杂志，被联合国列为有机物（VOCs）污染减排示范企业，公司进入了世界循环经济的领袖级企业平台，让中国循环经济水平走向世界，成为中国循环型社会发展和中国绿色发展理念的杰出实践者代表，为遏制温室气体效应做出了中国企业的贡献，成为践行绿色低碳发展的世界先进企业代表。

资料来源：格林美股份有限公司官网。

在亿纬动力龙头牵引、以商招商带动下，近年来新宙邦、恩捷股份、科达利等一批产业链知名企业纷至沓来，国内正极、负极、电解液、隔膜、结构件等主要部件的头部企业在荆门高新区基本"聚齐"。截至2023年10月，荆门市锂电产业链企业达39家。在高新区，昔日主要从事废旧电池回收的荆门格林美，如今已成功转型为大型动力电池材料制造企业，已建成10万吨三元前驱体和2万吨正极材料产能，2022年产值260亿元。近年来，荆门高新区还落户了生产负极材料的本征方程，生产锂电池结构件的中泽精密、震裕科技、祥鑫科技，生产电解液添加剂的吉和昌，生产电池级锂盐的百杰瑞和生产锂电池粘结剂的好电科技等众多知名企业。

8.4.2　打造优质营商环境，政府提供保姆式服务

以荆门高新区为例，为了推动湖北科达利精密工业有限公司项目快速落地，2021年12月底，荆门高新区仅用18天时间就完成了30多万方的土石方挖填及场地平整，提前兑现承诺，确保地块第一时间交付企业使用。科达利新能源汽车动力电池精密结构件生产项目总投资10亿元，已正式快速投产。

政府努力做好"有呼必应，无事不扰"的"店小二"，是荆门高新区新能源新材料产业快速发展的秘诀之一，园区内产业项目落地前，实行链长制，由区领导担任链长，全天候"保姆式"服务，由区直单位包联，协助解决企业生产过程中用工保障、水电气等问题。

8.4.3 主打家乡感情牌，拉动“家乡人”返乡创业

荆门锂电产业的发展壮大，缘于国内锂电巨头——亿纬锂能在荆门高新区10多年的深耕与高强度投资。亿纬动力的掌门人的刘金成，是荆门沙洋县五里铺人，在荆门龙泉中学毕业后就读电子科技大学，后考入武汉大学读研，师从著名电化学家查全性院士，从此立下“做世界上最好的锂电池”宏愿，所创办的惠州亿纬锂能股份有限公司，成为2009年登陆创业板的首批28家高科技企业之一。在乡情感召下，刘金成于2012年7月在荆门市高新区注册了亿纬锂能全资子公司湖北金泉新材料有限公司（后改名为湖北亿纬动力有限公司）。随着汽车电动化浪潮席卷全球，亿纬动力与荆门市高新区一拍即合，于2016年6月签下了25.18亿元的动力锂电池项目，标志着荆门动力电池产业破土萌芽。

8.4.4 大项目滚动支持，集群式发展

根据《荆门市新能源新材料产业转型升级三年行动计划（2023—2025年）》，荆门市高新区将大力支持亿纬动力、格林美、恩捷股份等重点企业扩规，加快亿纬动力60GWh动力储能电池生产及研发中心项目、格林美正极材料产业园项目、恩捷股份隔膜产业化项目等重点项目建设进度，打造国内一流的动力储能电池技术研发、生产基地。

为延链补链，荆门市高新区计划引进铜箔、铝箔、导电剂等新项目。依托格林美国家电子废弃物循环利用工程技术研究中心、亿纬动力湖北省动力电池系统设计技术工程研究中心等平台，支持亿纬动力、格林美、金泉新材料构建“电池回收—梯次利用—原料再生—电池再造—新能源汽车再装配”的绿色供应链价值链，打造中部地区重要的动力储能电池梯次利用与再生资源利用产业基地。

针对用地紧张、生产要素成本较高、能耗指标不足、新技术路线开发等

难题，在巩固现有以亿纬动力为核心的锂电产业集群优势的同时，引进或孵化新技术路线的创新型企业，避免“鸡蛋放在一个篮子里”。锚定高端化、绿色化、集约化，目前荆门市在高新区规划了26.6平方千米的国际能谷·锂电小镇，对标东莞松山湖小镇，拟投资252亿元，预计2027年集聚人口10万人，争创全国产城融合发展示范区。规划到2025年，荆门新能源电池产业集群产值力争突破2 000亿元，亿纬动力跻身千亿级企业行列，阔步迈向“华中锂电之都”。

第9章

辽宁新能源产业发展的目标与路径

9.1 辽宁新能源产业发展的目标

辽宁省新能源资源禀赋较好，产业基础较为雄厚，产业链基本形成。大力发展新能源产业，是促进辽宁能源结构与产业结构调整、加速“双碳”目标实现、维护能源安全的重要举措。

9.1.1 指导思想

以习近平新时代中国特色社会主义思想为指导，全面贯彻党的二十大精神，认真落实习近平总书记对东北、辽宁工作的重要指示批示精神，立足新发展阶段、贯彻新发展理念、构建新发展格局，以推动高质量发展为主题，以改革创新为根本动力，以辽宁省风、光、核、氢、储全产业链布局为契机，做好新能源产业生态培育，保障新能源产业可持续发展。在氢能、储能领域加大研发力度和示范力度，力争抢占下一个氢能、储能产业风口。提高风电、光电装备的辽宁自给率，实现“用辽宁新能源装备、发辽宁绿电、用辽宁绿电”的良性发展模式。

9.1.2 基本原则

（1）创新驱动

创新驱动作为新能源产业发展的核心动力，必须被置于产业发展的首要位置。这意味着我们需要持续不断地激发人才的创新活力。同时，要充分发挥企业在创新中的主体作用，鼓励企业主动承担技术创新的责任，汇聚各类创新要素，共同突破一系列关键核心技术。这些不仅能巩固辽宁在原有技术创新优势领域的领先地位，还能加强在技术短板和弱项方面的科研力度，全面提升新能源产业的技术创新能力。

为构建一个更加高效的技术创新体系，应进一步凝聚企业、高校、研发机构、政府、金融服务组织等多方面的力量。在体系中，企业应成为创新的核心和引领者，从技术创新需求的提出，到技术项目的确定与实施，再到创新成果的产业化，都应由企业来主导。高校和研发机构则需要与企业紧密对接，根据企业的实际需求来确定研究主题，确保科学研究的针对性和有效性。此外，政府、金融服务组织等也应各司其职、分工协作，为创新提供有效的链接和重要支持，共同推动新能源产业的创新发展。

在创新过程中，还应该重点关注科技资源配置的低效问题以及研发成果转化效率不高或省内转化率不高等问题。为此，需要建立一套灵活、合理、科学的创新绩效评价机制，以有效激发科研工作者的主动性和创造性，推动科技资源的优化配置和研发成果的快速转化。

（2）市场主导

市场主导是新能源产业发展不可或缺的一环。在资源配置中，市场机制发挥着决定性的作用，能够根据市场需求和供给情况，自动调整进而实现资源的优化配置。因此，应充分重视和发挥市场机制的作用，鼓励各类有益的商业模式创新，有效推动新能源产业链各环节企业链群之间的市场互动、互助和协同共进。

在这个过程中，政府应顺应产业发展规律，加强科学规划引导，做好配套支持。政府的角色应是宏观调控和市场监管者，确保市场规则公平透明，维护市场秩序。政府通过简政放权，减少不必要的审批和干预，降低企业运营成本，提高市场效率。政府应努力创造一个公平的市场环境，对各类市场主体一视同仁，防止不正当竞争和垄断行为的发生。政府要进一步深化市场体制改革，加强市场监管力度，确保市场规则的公平性和透明度。同时，政府要加强与其他国家和地区的交流合作，借鉴先进的市场管理经验和商业模式，推动新能源产业的国际化发展。综上，可充分发挥市场机制在新能源产业发展中的主导作用，推动新能源产业的持续健康发展。

（3）融合发展

融合发展策略是新能源产业未来发展的重要方向之一，其核心在于推动光伏、风电、氢能、储能等新能源产业与新能源汽车、交通基础设施、信息通信等领域的深度融合。这种跨行业的融合不仅能够促进新能源技术的创新与应用，还能够带动相关产业链条的协同发展，从而构建出一个更加完善、高效、可持续的新兴产业生态。

在这一过程中，我们需要注重新能源生产、运输、应用等环节的数字化、网络化、智能化转型。数字化可以实现对新能源生产和消费的精准监控与管理，提高能源利用效率；网络化则能够打破信息孤岛，促进新能源产业与其他行业的互联互通，形成更加紧密的产业协同网络；智能化则能够借助人工智能、大数据等先进技术，实现新能源系统的智能调度与优化运行，进一步提升新能源产业的竞争力。

具体而言，我们可以通过建设新能源大数据平台、推动新能源汽车与充电设施的智能化升级、加强信息通信技术在新能源领域的应用等方式，来推动新能源产业的融合发展。这些举措不仅有助于提升新能源产业的智能化水平，还能够为其他行业的数字化转型提供有力支撑，实现新能源产业与其他行业的互利共赢。

（4）开放合作

加强与京津冀、长三角等区域的经济、技术交流合作，可以形成区域间产业优势互补和合作共赢的局面。这些区域拥有丰富的经济资源和创新要素，与辽宁等地区的新能源产业具有高度的互补性。通过加强合作，可以共同推动新能源技术的研发与应用，促进产业链条的延伸与完善，实现新能源产业的协同发展。

同时，我们需要坚持“引进来”与“走出去”相结合的战略，通过加强与国外新能源企业的合作、参与国际新能源项目、举办国际新能源论坛等方式，积极开展国际合作。通过引进国际先进技术和管理经验，我们可以提升自身的创新能力和竞争力；通过“走出去”，我们可以拓展国际市场，参与全球新能源产业的竞争与合作，进一步提升对全球创新要素和市场资源配置的能力。

9.1.3 发展目标

力争用5~10年的时间，辽宁在风电、核电、重型机械、燃气轮机、氢能运输储存等能源装备制造产业方面，培育5～10个具有一定经济规模和技术优势的领军型企业，同时围绕领军型企业形成相应的产业集群。

培育较为完整的氢能制备、运输、储运、应用产业链。做好储能技术示范项目，在全省范围内建设大规模储能项目5项左右，不断降低储能成本，提高储能技术的成熟性。

到2030年，全省清洁能源装机及发电量占比达到70%以上，风电光伏、储能、氢能、输变电、空气压缩机、燃气轮机、绿色交通等清洁能源装备主营业务收入达到1 000亿元。积极拓展市场，大规模推广应用储能技术及装备，储能产业规模进入全国前列，新型电力系统建设取得实质性成效。重点工业领域能源利用效率达到国内先进水平，煤炭消费总量逐步减少，碳排放强度、主要污染物排放水平明显下降，绿色低碳技术取得关键性突破，能源安全保障作用明显增强。

9.2 辽宁新能源产业发展的路径

新能源产业的发展，是一个系统工程，是将技术、市场、制度等诸多要素有机融合的过程，也是基础设施建设及新能源生产、输送、存储、消费等各环节相互配合的过程。大力发展新能源产业，要遵循安全、融合、创新、升级4个维度的基本原则，实现辽宁新能源产业的健康、快速、可持续发展。

9.2.1 以实现能源安全为重要前提

“安全”是大力发展新能源产业的出发点和落脚点，即一方面要保证新能源产业是安全的，另一方面要保障国家的能源安全。

从能源自身“安全”的维度，大力发展新能源产业，应该从能源装备制造及新能源生产、存储、运输、消费等全产业链视角进行研究。要立足辽宁风、光、水、核、天然气、生物质、地热能、海洋能等清洁能源品类齐全发展的基础，充分利用辽宁装备制造业的基础和优势，构建完善的新型能源体系，多元、综合发展新能源产业。辽宁新能源装机占比已经超过40%，其中风电占比接近20%，太阳能发电与核电各占约10%，水电与其他占比相对较低。随着辽宁加快清洁能源强省建设，在现有基础上，持续推进核电、氢能与储能发展，兼顾生物质能、地热能、海洋能等，形成完善的新能源体系，为辽宁新能源产业健康快速发展奠定基础。

从维护国家能源“安全”的维度，大力发展新能源产业，就是要实现新能源的供给连续、价格经济、环境友好与需求合理。首先，要保证能源的持续供给，就在于降低能源的对外依存度，提升能源的自给能力。尤其辽宁在能源消费过程中，超过70%的能源需要外部输入，其中超20%需要进口。因此，充分利用辽宁新能源的资源禀赋，挖掘辽宁新能源生产潜力，提升新能源供给的比例，这是维护能源安全的基础。同时，要重视技术创新与制度创新，促进新能源成本的降低，实现能源的价格经济，为实现能源安全提供保障。另外，政府应从经济社会发展、产业结构调整等角度，逐渐完善能源发展战略，政策引导，逐渐实现传统化石能源的清洁化替代，形成有利于新能源产业发展的生态系统，实现环境友好、需求合理的局面，进而有利于国家的能源安全。

9.2.2 以多要素、多场景融合为重要手段

融合是指在新能源产业的发展过程中，一方面要把多种生产要素进行整

合，提升产业的创新能力与活力，另一方面要把新能源的应用场景多元化，构建全新的产业生态。例如新能源的生产，涉及能源装备与关键核心技术的开发，需要融合国内外的技术、资金、人才、制度等多种要素。而新能源的应用，要引导光伏、风电、氢能、储能等产业与新能源汽车、交通基础设施、智能电网、信息通信等领域深度融合，加快新能源生产、运输、应用等环节的数字化、网络化、智能化转型，形成多元化的新能源消纳途径等。融合是新能源产业做大做强的重要手段。

9.2.3 以产业技术、市场和制度创新为突破

创新是产业发展的动力源泉，涵盖了产业技术创新层面、市场创新层面以及制度创新层面等。任何产业的发展壮大，都离不开创新。

首先，在产业技术创新层面，辽宁大力发展新能源产业，要充分发挥自身技术创新优势，在储能技术、核电装备等优势领域加大新技术、新工艺研发力度；加快建立可控的产业技术体系，推进能源领域技术创新平台建设；依托试验示范工程，集中力量突破一批能源装备“卡脖子”关键环节，大力提升装备制造业自主研发水平及国产化替代；着力在新型储能技术、氢燃料电池技术、清洁能源耦合电解水制氢技术、核电装备技术、燃气轮机调峰技术、碳捕集与封存技术等关键领域实现突破。

其次，在制度创新层面，要深化电力体制改革，推动各电力市场体系协同运行，逐步有序放开各类、各调度等级发电主体发电计划，完善电力调度交易机制，通过市场机制和政府调控相结合的方式保障优先购电制度的落实。统筹电力现货市场和辅助服务市场建设，进一步放开竞争性业务，稳妥推进新能源直接参与电力市场交易，扩大电力市场交易规模，丰富电力交易品种，营造统一开放、公平竞争的市场环境，完善电力价格形成机制。

最后，在市场创新层面，积极推进新能源生产和消费主体参与碳排放权交易及绿色电力证书交易，不断扩大交易市场范围；提高电力生产和交易的透明

度，促进新能源在能源供应商之间自由流动，便于市场多元化竞争；充分发挥市场机制的作用，引导用能单位增加新能源消费，促进新能源产业的发展。

9.2.4 以全产业链升级促进能源安全为终极目标

产业升级是产业发展壮大的外在表现形式与阶段性成果，包括产品附加值的不断提高、企业生产效率的不断提升、产业链升级等。大力发展新能源产业，要从产业链以及产业集群视角，打造促进产业升级的环境。

新能源产业的发展，离不开上下游产业链条的搭建。新能源产业涵盖了上游的装备制造，中游的能源生产与存储，以及下游的运输与消费等环节。只有合理配置各个环节的资源、理顺各环节之间的关系，才能实现全产业链的健康发展。

大力发展新能源装备制造产业，是新能源产业发展的物质基础。针对辽宁新能源产业现有基础及特色，明确新能源装备制造产业发展目标和路线图，加强重点领域新能源装备制造自主创新，着力突破新能源装备制造关键技术、材料和零部件等瓶颈。要全力支持核电、风电、光伏、储能等新能源装备制造产业的可持续发展，推动新能源装备制造产业向精细化和高端化转型。集中培育装备制造产业园区，促进上中下游装备制造产业融合，在政府引导和市场牵引下，组织重点发电企业、设备生产企业、运维服务企业、金融机构和科研单位等成立新能源装备制造业产业联盟。同时推动现有企业扩大投资，吸引一批掌握核心技术的省外企业来辽宁省投资，鼓励企业间通过并购、引进、参股等方式补链、强链和延链。需要对新能源产业的中下游环节——生产、存储、运输与消费，在技术上、制度上等方面加大支持力度，提高新能源生产效率，进一步推进新能源的并网、消费，发挥市场机制的作用，强化监督管理，打通各个环节之间的障碍，最终搭建完整的新能源产业链，进而形成产业集群。产业集群是产业发展的重要组织形式，是产业创新的重要载体，更是推动产业升级的重要方式。

综上，辽宁大力发展新能源产业，要在充分发挥政府主导、政策引领作用的基础上，构建完善的新能源体系，搭建完整的产业链条，以头部企业引领产业集群式发展，遵循安全、融合、创新、升级4个维度的基本原则，实现辽宁新能源产业的健康、快速、可持续发展。辽宁新能源产业发展路径如图9-1所示。

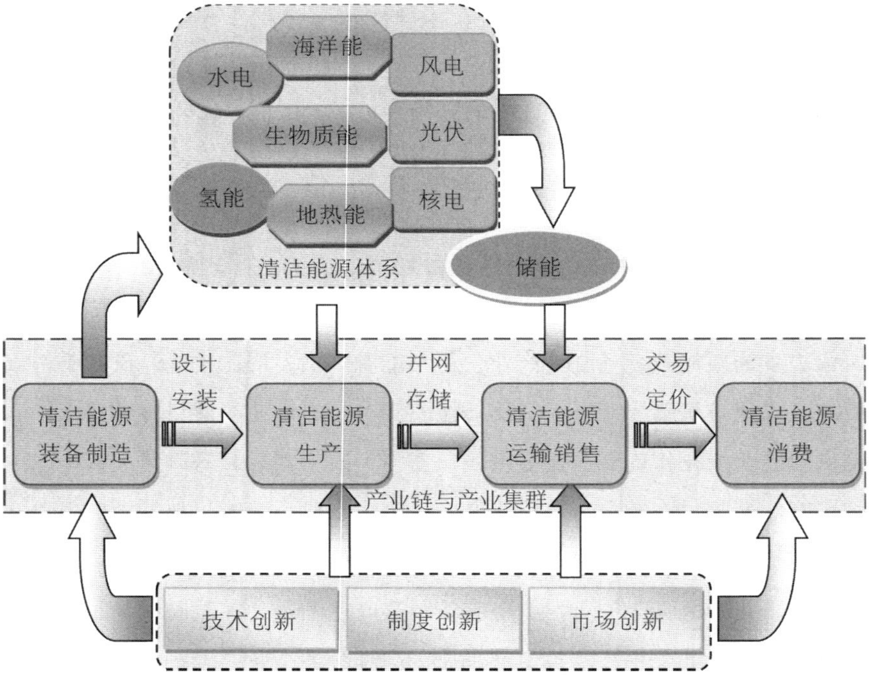

图9-1　辽宁新能源产业发展路径示意图

第10章

辽宁加快发展新能源产业的对策建议

辽宁是国家重要的能源安全通道和国家重大战略支撑地、重大技术创新策源地，必须牢牢把握辽宁在维护国家能源安全中的重要使命。因此，辽宁应加快推进创新驱动、绿色高质量发展的转型，全力推进新能源产业成链、成型、成势，实现新能源产业的超常规发展。

在实现辽宁全面振兴新突破“三年行动”的战略下，辽宁应该根据自身的产业基础、资源条件、技术条件以及市场条件，有步骤、有计划、有主次地发展新能源产业。具体而言，辽宁应该明确新能源产业发展的突破点，以氢能、风电、太阳能发电等为重点领域，加大研发投入，推动技术创新和产业升级；同时，加强新能源装备制造和新能源汽车产业链的建设，提升产业链的整体竞争力和市场影响力；此外，应该加强绿电消纳能力建设，推动新能源与传统能源的融合发展，实现能源结构的优化和升级。要加快推动多产业间的融合创新，突破关键核心技术，构建新兴产业生态，完善新型基础设施建设，优化产业发展环境，培育具有全球竞争力的企业和品牌，抢抓“十四五”最后一年的重要窗口期，全力实施辽宁全面振兴新突破“三年行动”，以中国式现代化辽宁实践谱写新时代东北振兴新篇章。

10.1　做好新能源产业发展顶层设计

超常规发展新能源产业是辽宁省的一个大动作，涉及辽宁省资源的配置、各市产业布局的协调、技术创新的攻关方向等，绝不能盲目扎堆上项目，不能出现各市重复建设，不能让各职能部门之间没有协调、没有工作重点。因此，辽宁省必须以十五五规划为契机，做好新能源产业发展的顶层设计，重点对“做什么、怎么做、谁来做”等有一个前瞻性、整体性的发展规划。以吉林省为例，2022年11月25日，吉林省人民政府办公厅印发《吉林省新能源产业高质量发展战略规划（2022—2030年）》。辽宁省也应该尽快出台类似规划，为未来5～10年新能源产业发展规划出时间表、路线图。在总体规划基础上，辽宁省要明确每个市甚至每个区的产业发展重点；要对新能源产业发展规划进行各市、各职能部门的分解，要有具体的行动方案和对策。应明确政府在新能源产业发展过程中的职能定位——制定产业发展方向、目标与战略，发挥引领作用，为新能源产业的央企、国企、民企搭好技术交流、生产合作的平台，在积极吸引头部企业的同时，做好本地有潜力企业的扶持培育，协助解决企业运营中的资金、技术等障碍，降低交易成本和运营风险。

10.2　集中解决新能源消纳问题

10.2.1　加强储能与新能源电站的配套

开展省内抽水蓄能资源调查，明确抽水蓄能电站建设规模和布局，因地制宜开展灵活分散中小型抽水蓄能电站的建设。挑选技术成熟度、商业化成本等方面比较优秀的技术路线，结合省外储能示范项目的经验，率先在辽宁省现有的风电、光伏新能源项目中，配套相应的储能设施，发挥“新能源+储能”实践示范功能，并遵循“成熟一个，推广一个”的原则，在未来5年，实现省内所有风电、光伏发电项目储能配套全覆盖。同时，积极开展绿色电解水制氢，一方面缓解风电、光伏发电项目不稳定、难以消纳的困难，另一方面可以有效推进辽宁省氢能产业发展。

10.2.2　加强电网智能化升级，促进就近消纳能力

为充分利用我国丰富的可再生能源资源，加强可再生能源富集地区的电网配套工程及主网架建设显得尤为重要。这不仅要求提升关键局部断面的送

出能力，确保可再生能源能够在更大范围内被统筹消纳，而且需要注重电网的智能化升级，以适应未来能源体系的发展需求。

具体而言，应积极推动配电网的扩容改造与智能化升级，重点提升配电网的柔性开放接入能力、灵活控制能力和抗扰动能力。这将有助于增强电网的就地就近平衡能力，使得分布式可再生能源能够更加高效地接入电网，并满足多元化负荷的需求。通过构建适应大规模分布式可再生能源并网和多元负荷需要的智能配电网，进一步提升新能源的消纳能力。

在电力调度运行方面，应持续优化电力调度策略，合理安排系统开机方式，并根据实际情况动态调整各类电源的发电计划。同时，积极探索推进多种电源的联合调度，实现资源的最优配置。此外，应引导区域电网内共享调峰和备用资源，通过创新调度运行与市场机制，促进可再生能源在区域电网内的就地消纳。

辽宁可以借鉴青海、内蒙古等地在增量配电网绿色供电项目建设和配套制度方面已经取得的显著成效，建议由省委、省政府牵头，积极稳妥推进我省增量配电业务改革。在此过程中，应抓紧制定工业园区绿色供电项目实施细则、全额自发自用新能源项目实施细则等配套政策，以依托增量配电网的建设运营推动辽宁省绿电的就地就近消纳。

为了进一步降低企业成本，吸引优质企业落户辽宁，辽宁省还应采取多种措施降低工业用电价格，努力将其降至全国低电价水平。通过建设具有较强竞争力的电价优势区，为企业提供更加优质的用电环境，进而推动辽宁省经济的持续健康发展。这不仅有助于提升辽宁省的能源利用效率，还能为实现“双碳”目标做出积极贡献。

10.2.3 将绿电引入数据中心

数据中心作为支撑数字经济发展的关键基础设施，近年来在全球范围内得到了迅猛发展。然而，伴随着其业务规模的不断扩大，数据中心的能耗问题日益凸显，成为数字经济可持续发展的主要瓶颈之一。在当前全球致力于实现碳达峰、碳中和目标的背景下，绿色、低碳、可持续已经成为数据中心未来发展的必然趋势。为了响应国家号召，推动数字经济绿色转型，辽宁省应积极考虑将绿色电能引入数据中心，通过就地消纳绿电，实现数据中心的增值。这不仅能够显著降低数据中心的能耗和碳排放，还能提升其能效水平，为构建绿色数字经济新引擎提供有力支撑。以沈阳为例，作为第二批被纳入数据中心网络传输基础（当前国家级互联网骨干直联点）的城市，沈阳在数据中心建设方面具有得天独厚的优势。因此，我们可以统筹考虑“省内绿电+沈阳网络基础”，共同打造绿色数据中心。具体而言，可以通过以下途径实现：

一是依托辽宁省丰富的绿色电力资源，如风电、光伏等，为数据中心提供清洁、稳定的电力供应。这样不仅可以减少数据中心对传统化石能源的依赖，还能有效降低其运营成本。二是利用沈阳是国家级互联网骨干直联点的网络优势，提升数据中心的传输速度和带宽，提高数据处理能力。这有助于吸引更多的企业和机构入驻数据中心，进一步推动数字经济的发展。三是加强数据中心与智能电网的互动，实现电力供需的灵活调节。通过引入先进的储能技术和智能调度系统，可以将数据中心在用电低谷时段的多余电力储存起来，在用电高峰时段再释放出来，实现电力的优化利用。

此外，我们可以借鉴其他省份在数据中心绿色化方面的成功做法。例如，某省在数据中心建设中广泛采用自然冷却技术，利用地下水、空气等自然资源进行散热，有效降低了数据中心的能耗。该省还积极推动数据中心与可再生能源发电项目的合作，实现了绿色电力的直接供应和消纳。

综上所述，将绿电引入数据中心是实现辽宁省数字经济绿色转型、促进新能源就近消纳的重要途径。通过统筹考虑“省内绿电+沈阳网络基础”，共同打造绿色数据中心，为构建绿色数字经济新引擎提供有力支撑。这不仅能够推动辽宁省数字经济的可持续发展，还能为实现碳达峰、碳中和目标做出积极贡献。

10.2.4 优化新能源汽车充电技术，提升绿电消纳能力

在推动辽宁新能源汽车充电站建设的进程中，拓宽融资渠道非常重要。应鼓励政府、企业与社会资本的深度融合，通过设立专项基金、引入风险投资、发行绿色债券等多种方式，为充电站建设提供稳定的资金保障。这不仅可以缓解初期投资压力，还能促进项目的快速落地与规模化发展。同时，创新运营模式的应用，如公私合营（PPP）、特许经营、充电服务收费多样化等，进一步激发市场活力，提升运营效率，确保充电站建设的可持续性与盈利性。

为加速新能源汽车充电站的布局，辽宁应积极落实“桩站先行，车随桩行”的发展策略，即充电桩建设适度超前于新能源汽车的普及速度，以应对当前新能源汽车渗透率快速提升所带来的充电需求激增。鉴于新能源汽车市场的快速增长超出预期，未来充电桩的建设及运营规模也将迎来一轮加速扩张期。按照业内普遍认可的建设端3∶1车桩比（即每3辆新能源汽车配备1个充电桩）的规划，预计到2025年，辽宁地区的充电桩保有量将显著跃升至约930万台，这将极大缓解充电难的问题，为新能源汽车用户提供更加便捷、高效的充电服务。

此外，应深度挖掘和强化新能源汽车作为“移动储能”的载体功能。每台新能源汽车不仅是一个移动的交通工具，更是一个潜在的能源储存单元，能够在非行驶状态下作为分布式储能资源，参与电网的调峰调频，实现能源的灵活调度与优化利用。这种天然的负荷特性，使得新能源汽车成为促进清洁能源消纳、提升电网灵活性与稳定性的重要力量。通过智能化充电管理系统，结合V2G（Vehicle-to-Grid，车辆到电网）技术的应用，新能源汽车可以在低谷时段充电、高峰时段放电，既降低了用户的充电成本，又为电网提供了宝贵的调节资源，形成了新能源汽车与电网之间的良性互动，共同推动

能源结构的绿色转型与升级。

10.2.5　积极探索建立虚拟电厂

积极探索虚拟电厂技术和运行模式，是推动电力智能化、实现降本增效的重要途径。虚拟电厂，这一创新性的概念，通过集成先进的信息通信技术、软件系统和多种分布式能源（DER），如分布式发电（DG）、储能系统、可控负荷以及电动汽车等，形成了一个独特的电源协调管理系统。它不仅参与电力市场和电网运行，还作为一个特殊电厂发挥着重要作用。虚拟电厂概念的核心在于“通信”和“聚合”。其中，“通信”指的是通过信息通信技术实现DER之间的互联互通，确保数据的实时传输与共享；“聚合”则是指将各类DER进行整合，形成一个整体对外提供服务。在这一过程中，虚拟电厂展现出了强大的灵活性和适应性。虚拟电厂的关键技术主要包括协调控制技术、智能计量技术以及信息通信技术。协调控制技术能够确保DER之间的协同运行，实现资源的优化配置；智能计量技术提供了精确的能源计量与监测手段，为虚拟电厂的运营提供了数据支持；信息通信技术构建了虚拟电厂的神经中枢，实现了信息的快速传递与处理。虚拟电厂最具吸引力的功能在于其能够聚合DER参与电力现货市场和辅助服务市场运行。通过参与市场竞争，虚拟电厂能够为配电网和输电网提供管理与辅助服务，如调频、调峰、无功补偿等。这不仅有助于提升电力系统的稳定性和安全性，还能为市场参与者带来可观的经济效益。同时，虚拟电厂能将相对分散的源、网、荷、储等元素进行集成调控，对外等效成一个可控的电源。这个系统既可以作为“正电厂”向系统供电，在能源供应紧张时发挥补充作用，也可以作为“负电厂”消纳系统的电力，在能源过剩时起到调节作用。这种灵活的削峰填谷能力，使得虚拟电厂在应对新能源发电的间歇性、波动性和随机性方面具有得天独厚的优势。以辽宁为例，该地区拥有丰富的风能、太阳能资源，尤其是海上风电资源潜力巨大。然而，新能源发电的不稳定性给电力系统的稳定运行带来了挑战。在这种背景下，虚拟电厂的应用显得尤为重要。通过聚合风电、光伏发电等新能源资源以及储能系统、可控负荷等DER，虚拟电厂能够实现新能源的灵活调度和高效利用。据初步估算，如果辽宁地区能够成功应用虚拟电厂技术，每年可节约大量电力成本，并减少因新能源发电不稳定而带来的电网调度压力。同时，虚拟电厂能为市场参与者提供新的盈利机会，推动电力市场的繁荣发展。综上所述，虚拟电厂作为一种创新的电力智能化解决方案，在应对新能源发电不稳定性方面具有显著优势。通过积极探索虚拟电厂技术和运行模式，辽宁地区有望在实现电力降本增效的同时，推动能源结构的优化升级和电力市场的繁荣发展。

全国其他各地在建设虚拟电厂的过程中，展现出了不同的思路和实践经验。

上海市的发展思路：上海市在虚拟电厂建设中，注重挖掘电力负荷端可调节资源，通过虚拟电厂实现电力供需平衡。上海市黄浦区开展了商业建筑虚拟电厂示范项目，通过智能化、规模化的方式聚合商业楼宇资源，打造灵活性负荷资源的虚拟电厂运营管理模式。此外，上海市积极将居民小区纳入虚拟电厂覆盖范围，展示了全国首个居民虚拟电厂2.0版。

江苏省的发展思路：江苏省在虚拟电厂建设中，注重发挥虚拟电厂在电力市场中的作用，通过政策引导和市场机制推动虚拟电厂发展。江苏省电力交易中心公示了全省首批六大虚拟电厂，这些虚拟电厂未来将进入电力市场正式参与交易。江苏省还注重完善虚拟电厂相关标准和规则，为虚拟电厂的发展提供有力保障。

广东省的发展思路：广东省在虚拟电厂建设中，注重发挥虚拟电厂在电力需求响应和电力市场交易中的作用，出台了《广东省虚拟电厂参与电力市场交易实施方案》，对虚拟电厂参与各类市场的场景进行了系统思考，形成了较为完善的规则体系。此外，广东省积极建设虚拟电厂运营管理平台，提高虚拟电厂的运营效率和管理水平。

山西省的发展思路：山西省在虚拟电厂建设中，注重发挥虚拟电厂在电力现货市场和辅助服务市场中的作用。山西省作为第一批电力现货试点省份，已“转正”运行，虚拟电厂也参与其中。山西省通过电力现货市场和辅助服务市场为虚拟电厂提供了广阔的盈利空间，并推动了虚拟电厂商业模式的可持续发展。

湖北省的发展思路：湖北省在虚拟电厂建设中，注重发挥虚拟电厂在电力保供和新能源消纳中的作用，积极推动虚拟电厂的发展，并出台了相关政策措施。例如，湖北黄石市大冶特钢等8家企业在磁湖电厂市场化交易发布会上签订负荷聚合协议，正式开启虚拟电厂市场化交易运营。磁湖电厂是湖北省首家实体化运营、率先踏入省内电力市场的虚拟电厂。

四川省的发展思路：四川省在虚拟电厂建设中，注重发挥虚拟电厂在促进能源绿色低碳转型中的作用，积极推动虚拟电厂的发展，并注重与可再生能源的融合。通过虚拟电厂的建设，四川省有效提高了可再生能源的消纳水平，推动了能源结构的优化升级。

综述，全国其他各地在建设虚拟电厂的过程中，虽然具体思路和经验有所不同，但其共性仍给辽宁虚拟电厂发展带来很大启发。辽宁应重点发挥虚拟电厂在电力市场、电力需求响应、新能源消纳等方面的作用，积极出台相关政策措施，为虚拟电厂的发展提供有力保障。未来，随着技术的不断进步和市场的不断完善，虚拟电厂将迎来更加广阔的发展前景。

10.3　加快重大核心技术突破

辽宁新能源产业在助力国家掌握核心技术方面仍有待突破，关键零部件还面临“卡脖子”问题。国家在高比能量电池、高安全电池、长寿命电池方面仍需加大研发力度；高效高密度驱动电机系统等关键技术相较国际先进水平仍有差距；“缺芯少魂”的芯片、自动控制系统短板的差距更大。应依托能源领域优势企业布局设立一批省级能源研发创新平台，整合产学研用科技力量，联合攻克关键核心技术和“卡脖子”技术，锻造新能源关键技术长板，大幅提升新能源科技攻关体系化能力，有效防范产业链关键环节风险；加强新能源产业前瞻技术的战略性研究，推动颠覆性技术创新和早期市场培育，促进产业链创新链深度融合，实现高水平科技自立自强，形成具有全球竞争力的开放创新的技术生态。

辽宁应积极利用其技术创新优势，在储能技术与核电装备等多个优势领域，加大新技术、新工艺的研发力度，力求取得突破性进展。特别是在氢能产业的关键材料技术上，辽宁应集中力量攻克质子交换膜、催化剂、膜电极等核心难题，并深入探索石化产业副产氢纯化技术、高效电解低成本制氢技术以及氢储运技术。

在储能技术领域，一方面要致力于推动压缩空气储能、液流电池等已具备商业化潜力的技术进一步发展，另一方面要积极探索飞轮储能、钠离子电池、氢储能等前沿创新技术的示范应用，同时开展碳捕集与封存技术的深入研究与应用。依托一系列试验示范工程，集中攻克新能源装备领域的“卡脖子”技术难题，大力提升装备制造业的自主研发能力和国产化水平，并加速推进新能源领域技术创新平台的建设。

在新能源汽车技术、交通能源互联网技术以及基础设施分布式光伏发电设备及并网技术等方面加大研发力度，力求实现性能监控与保障技术的突破。为了加速科技成果的转化应用，辽宁应持续强化产学研协同，推动重点区域、重点园区与中科院、央企、大学及跨国公司等深度合作，共同参与国家相关重大科技计划和重点示范项目。

在零碳能源、前沿储能、碳捕获与转化、固碳增汇等重点方向上，辽宁将依托能源催化转化全国重点实验室等创新资源，开展一系列基础前沿理论研究，如超高效光伏电池、新型制氢技术、新一代储能技术、人工光合成、碳直接空气捕集、碳基资源高效催化转化等。同时，辽宁要积极研究新材料超级电容器、金属空气电池、固态电池、水系有机液流电池、二次水系离子电池、相变储热等新一代储能技术，以强化能源低碳/零碳多能融合技术创新。

基于辽宁能源结构调整的迫切需求和创新优势，辽宁正围绕多能融合战略技术路线，加快在可再生能源和核能发电、新型储能、氢能及燃料电池、能源互联网、化石能源清洁高效利用、先进节能等关键核心技术上取得突破。特别是在先进储能技术领域，辽宁正在研发高功率型全钒液流电池、锌溴液流电池、铅炭电池、低温钠离子电池、锂基电池、硫基电池等电化学储能技术，以及飞轮储能、压缩空气储能等物理储能技术，为辽宁乃至全国的能源转型提供有力支撑。

10.3.1　超前部署碳中和前沿颠覆性技术

为响应国家碳达峰与碳中和的宏伟目标，并紧贴辽宁省在能源、装备制造、冶金、石油化工等核心产业的绿色发展需求，辽宁应构建一个全面覆盖、深入探索的绿色低碳基础研究框架，同时加大对基础性、前沿性乃至颠覆性科技创新的力度。在此过程中，将充分利用辽宁省内高端科技智库的智力资源，建立一套完善的预测、发掘及评估前沿颠覆性技术的机制，确保这一领域的研究部署能够紧跟时代步伐，定期得到更新和优化。

研究将聚焦于几个关键领域：零碳排放的能源解决方案、前沿储能技术、碳捕获与高效转化技术，以及固碳增汇策略。我们将依托如能源催化转化全国重点实验室这样的顶尖科研平台，深入探索超高效光伏电池技术、新型氢能制备技术、下一代储能系统、人工光合作用、直接从空气中捕获二氧化碳以及碳基资源的高效催化转化等前沿科学问题。这些研究不仅强调学科间的交叉融合，还致力于催生出具有颠覆性的技术突破，从而强化关键核心技术的自主创新能力。碳中和前沿颠覆性技术具体见表10-1。

表 10-1　　碳中和前沿颠覆性技术

新型太阳能发电技术	探索太阳能光电转换的新机理、新方法，研究可突破单节光伏电池理论效率极限的新型高效光伏技术、超临界二氧化碳太阳能热发电技术、太阳能光催化技术，研发太阳能电池新型结构和捕光新材料等
新型核能发电技术	研究四代堆、核聚变反应堆等新型核能发电技术
新型绿色氢能技术	研究基于合成生物学、甲烷直接裂解、海水直接制氢、太阳能光解水、热化学循环分解水等新型制氢技术
新型储能技术	研究新材料超级电容器、金属空气电池、固态电池、水系有机液流电池、二次水系离子电池、相变储热等新一代储能技术
新型负碳技术	研究二氧化碳直接空气捕集、二氧化碳捕集转化一体化、二氧化碳合成制备高性能碳材料等新型 CCUS 技术；揭示海洋和陆地碳汇格局、过程机制、固碳功效、增汇潜力机制机理

资料来源：作者根据资料整理。

此外，要积极推动这些研究成果向实际应用的转化，助力辽宁省乃至全国的产业结构和经济发展模式实现根本性的迭代升级。通过这一系列举措，加速辽宁省主导产业的绿色转型，为国家的碳中和事业和地区的可持续发展做出积极贡献。

10.3.2　强化能源低碳/零碳多能融合技术创新

鉴于辽宁能源结构调整面临的紧迫挑战与自身具备的显著创新优势，辽宁应集中力量于多能融合这一前沿战略技术路径，力求在多个关键核心技术领域实现突破性进展。这包括但不限于可再生能源（如风电、太阳能）与核能发电技术的优化升级，新型储能技术（如锂离子电池、液流电池、压缩空气储能等）的研发与应用，氢能及燃料电池技术的商业化探索，能源互联网技术的集成创新，以及化石能源清洁高效利用技术（如碳捕获与封存、高效燃烧技术等）与先进节能技术的深度开发等。能源低碳/零碳多能融合技术见表10-2。

表10-2 能源低碳/零碳多能融合技术

可再生能源技术	研发风机叶片、电机、轴承、智能传感及控制技术，海上风电汇集、输电及稳定运行控制技术，高效光伏电池技术等，开展海洋能、地热能、生物质能综合利用技术研究，构建多能互补综合能源利用技术方案
先进储能技术	研发高功率型全钒液流电池、锌溴液流电池、铅炭电池、钠离子电池、锂基电池、硫基电池等化学储能技术，飞轮储能、压缩空气储能等物理储能技术等
氢能技术	研发高效低成本碱性电解水制氢、固体氧化物电解制氢等新型制氢技术，开发大规模物理储氢、化学储氢技术和管道输氢技术，研制氢燃料电池关键技术设备
新型电力系统	开发大规模可再生能源并网及电网安全高效运维技术、韧性电网技术、规模化源网荷储调控技术等，研制基于宽禁带半导体材料的核心电力器件和装备
核能技术	攻克高安全性多用途小型模块化反应堆、快堆和超高温气冷堆等技术，开发变频器、核环吊、关联系统等核心功能部件，研制大型核电主泵、核电四代主循环泵等整机装备
化石能源清洁高效利用与节能增效技术	研发超低氮循环流化床燃烧技术及掺氢天然气、掺烧生物质等高效低碳工业锅炉技术，研制重型燃气轮机和高效燃气发动机等关键装备，开发工业余热余压余能深度利用技术、基于先进功率半导体材料与器件的高效电能转换及能效提升技术，发展数据中心、5G通信基站等数字基础设施节能技术

在此过程中，要高度重视关键材料与核心设备的自主研发工作，不仅可

以减少对外部技术的依赖，推动国产化替代，还可以提升产品质量与性能，降低成本，增强国际竞争力。同时，加大对新型电力系统关键技术的研究力度，如智能电网、微电网、虚拟电厂等，以提高可再生能源的并网率与利用率，解决可再生能源发电的间歇性问题，提升其消纳与存储能力。

从长远角度看，辽宁应该努力建设一个集清洁性、低碳性、安全性与高效性于一体的新型能源系统，这一系统将为辽宁的电力装备制造、氢能产业及其他相关产业集群提供强有力的科技支撑，推动产业升级，促进经济绿色发展。为实现这一目标，我们正充分利用全省范围内的风电、光伏发电、核电、生物质发电等重大能源工程项目作为实践平台，积极开展海上风电、光伏治沙（利用沙漠地区的广阔空间建设光伏电站，同时促进生态治理）、渔光互补（在水面上安装光伏板，下方进行水产养殖，实现空间高效利用）、生物质发电（利用农作物秸秆、林业废弃物等生物质资源发电）以及核能海水淡化（利用核能产生的热能进行海水淡化，提供清洁水源）等领域的技术研发与配套装备创新，探索并培育新能源发展的新路径、新模式与新业态。

10.3.3 大力开发氢能技术

促进氢能产业创新发展。省科技厅、省发改委等各职能部门围绕氢能产业发展规划制定相应的配套政策。积极促成国家电投集团氢能科技发展有限公司与中科院大连化物所合作，建立氢燃料电池规模化生产基地。发挥辽宁省氢能资源禀赋和中科院大连化物所燃料电池等技术研发优势，加快形成氢气制备、氢气储运、燃料电池、氢能装备等全产业链发展格局，鼓励支持利用清洁能源开展规模化电解水制氢、制绿氨项目。加强与京津冀、长三角、粤港澳大湾区等区域企业的交流合作。积极参加氢能行业协会活动，参与技术研发和行业标准制定，提升辽宁省氢能产业的国内外参与度和影响力。建设国内顶尖、世界一流的氢能产业研发与创新基地，国内领先的燃料电池发动机生产制造基地，东北亚重要的生产储运基地，国内氢能产业示范应用先导区。加快构建一核（大连氢能产业核心区）、一城（沈抚示范区氢能产业新城）、五区（鞍山、阜新、朝阳、盘锦、葫芦岛氢能产业集聚区）。发展可再生能源制氢，推动氢燃料电池汽车实现产业化应用，拓展氢能在储能、交通、工业等多领域应用。

10.4 积极布局未来产业，发展新能源产业集群

10.4.1 做强新能源产业链

新能源产业的良性发展必须强化产业链思维，对于其中存在的薄弱环节必须增加投入的力度，政府也必须根据实际需要转变自己的职能，扶持核心项目，做好上下游产业链的协调，从而给新能源产业更好的发展奠定基础。

一是布局和优化新能源及产业创新生态链。按照“基础研究+技术攻关+科技金融+人才支撑+市场转化”产业生态链构建法，发挥企业、高校、科研院所及人才在新能源开发利用方面的基础研究能力；发扬举国体制优势和“揭榜挂帅”机制，攻克新能源开发利用“卡脖子”技术；在贷款、融资、补贴、财税、技术等方面给予新能源研究主体、市场主体扶持；大力培养、引进国内外新能源领域高层次人才，建立新能源产业人才高地；支持企业新能源技术产业化应用场景打造，支持企业发展线上线下新能源产业市场，鼓励企业开拓国内国际市场。

二是引进总部企业和“专精特新”企业。针对新能源上游、中游、下游的龙头企业、瞪羚企业和“专精特新”中小企业，运用“金融、科技、信息、项目、平台、空间、人才”要素工具箱，吸引新能源企业集聚和实现产业链安全可控。

三是数字赋能新能源企业智慧化发展。一方面，支持清洁电力、氢能、

燃料电池等新能源朝数字能源及产业化方向发展，支持各类新能源数字化场景应用。另一方面，支持传统中小能源企业数字化改造升级，利用工业互联网平台，对中小能源类企业“上云赋智”，推动能源企业清洁化智慧化发展。推动“大云物移智”等现代信息技术与传统能源生产领域融合发展，加强智能煤矿、智能管道、智能电网建设，推动煤炭、油气、电厂、电网等传统行业与数字化、智能化技术深度融合。构建海量并发、实时共享、开放服务的能源大数据中心，深化应用推广新能源云，开展能源数据资源的集成和安全共享技术研究。重点在工业园区、商业综合体、居民小区等，依托配电网、配气网、热力网等能源网络，加强分布式能源公平接入，探索建立以用户为中心的一站式能源解决方案。充分利用储能、大数据、物联网、5G等先进技术，开展源网荷储一体化和风光火（储）、风光水（储）、风光储一体化规划与集成设计研究，构建多种能源形态灵活转换、高效存储、智能协同的综合能源系统。围绕能源数字化和标准化建设，推动数字电厂、可再生能源集中智慧调控、温室气体管理系统和碳排放权交易系统等项目。加快推进能源管理数字化平台建设，开展智慧综合能源服务示范，加强能源运行分析和动态监测，建立健全能源监测预警体系和碳交易市场体系，全力打造全省能源管理数字化平台。

四是建立新能源产业创新联盟。建立清洁电力、氢能、燃料电池产业促进协会，搭建政府与企业有效沟通的桥梁；利用数字政府建设契机，为相应企业提供“最多只跑一次”的精准服务；开发新能源产业工业互联网平台，为清洁电力、氢能、燃料电池等企业创新发展提供解决方案；建立新能源企业创新联盟，以比亚迪、华为等大型新能源及组件开发利用商为创新主体，带动中小能源企业创新发展。

五是依托国家大学科技园打造新能源产业创新集群。依托沈阳工程学院国家大学科技园，集聚辽宁新能源学科专业教师、研究生、能源电力类研发型企业等，打造概念验证、中试熟化、技术创新研发创新链条，打造辽宁新能源产业新质生产力策源地和新能源产业创新集群。

10.4.2　积极布局未来产业

为贯彻落实党中央、国务院关于推动未来产业发展的决策部署，2024年9月，辽宁省人民政府办公厅印发《科技引领未来产业创新发展的实施意见》，目的是积极培育发展未来产业，加快形成辽宁新质生产力。而本质上，未来产业发展与新能源产业发展具有高度重合，新能源产业在未来产业中占据重要地位，是发展的重要方向。

重点关注新能源产业相关基础研究，重点关注关键核心技术的攻关，在发展过程中培育标志性产品、领军企业和领军人才，形成若干技术群和稳定研发团队。辽宁根据国家重大战略需求和经济发展目标，提出优先布局6个未来产业，其中第二个即为新能源产业。

氢能领域重点攻关高效低成本水电解制氢（可再生能源驱动）、光催化分解水制氢、太阳能热化学循环分解水制氢技术，大力发展以绿氨和绿甲醇为介质的大规模、长距离储运氢新技术，研发新一代氢燃料电池电堆及关键材料，推动氢、氨、醇为动力燃料的重型运载工具技术创新与设备制造。储能领域重点攻关本质安全的高能量密度电化学储能等关键技术，研发高能量密度水系电池、液态金属电池、固态电池等高端储能产品。核能领域重点攻关新一代核反应堆设计及核能装备制造等技术，开展典型应用示范。

辽宁应深入评估新能源汽车产业发展链条，发现下一阶段的需求旺盛产业链环节，关注锂资源提纯和锂资源回收利用两个领域的技术研发与产业布局。

10.4.3　重点发展能源装备产业

截止到2022年，全球清洁能源装备产业规模已达到3 068.8亿美元，年增长率高达8.6%，表明全球清洁能源装备产业正蓬勃发展。辽宁应重点发展核主泵、动力电池、储能电池、氢气“制运储用”装备、核电装备、重型机械、风电装备等新能源装备制造优势产业，加大研发力度和政策扶持，加大国内外合作力度，迅速扩大产业规模，形成对辽宁经济的强力支撑。

（1）重点打造风电与光伏装备产业园区，致力于促进产业链上中下游的深度整合与协同发展。同时，积极推进退役风电机组及光伏组件的高效回收与绿色处理流程，力求构建一个涵盖全生命周期的闭环式绿色发展模式。依托徐大堡与庄河两大核电基地的强大支撑，加速核电配套装备产业的蓬勃发展，为其注入新的活力。

（2）着力建设储能领域的重点实验室，聚焦液流电池储能装备的研发与制造，力求在这一前沿领域取得突破性进展。在输变电装备领域，加快研发步伐，推动整个产业链的系统性创新，从而全面提升电力装备的技术水平与国际竞争力。

（3）进一步推动氢能产业的发展，全力支持大连、鞍山、阜新、盘锦、朝阳、葫芦岛等六大氢能产业集聚区，集中力量发展氢能储运、清洁能源制氢等关键技术、材料及装备，为氢能产业的蓬勃发展奠定坚实基础。积极推广清洁能源运输装备的应用，鼓励氢燃料电池汽车的试点运行，并大力支持沿海及远洋LNG动力船舶的发展，以构建更加绿色、高效的交通体系。

（4）搭建产业联盟。在政府的有力引导与市场机制的双重驱动下，组织重点发电企业、设备生产企业、运维服务企业、金融机构以及科研单位等共同成立新能源装备制造业产业联盟，旨在通过资源共享、优势互补，实现互利共赢的崭新局面。同时，积极推动现有企业扩大投资规模，并大力吸引一批掌握核心技术的省外企业来辽宁省投资兴业，通过并购、引进、参股等多种方式，不断完善产业链条，提升产业竞争力。

（5）产学研协同机制。持续深化产学研协同合作机制，加速科技成果的转化与应用进程，并积极参与到国家相关的重大科技计划中去。在新型储能技术、氢燃料电池、清洁能源耦合电解水制氢技术、核电装备技术、燃气轮机调峰技术以及碳捕集与封存技术等关键领域，努力实现技术突破与创新发展，并依托试验示范工程集中力量攻克一批能源装备的“卡脖子”难题，从而大力提升装备制造业的自主研发能力与国产化替代水平，为能源领域技术创新平台体系的建设贡献更多力量。

（6）进一步明确发展目标与路线图。加强在风电、光伏、核电、储能以及氢能等装备产业领域的自主创新力度。同时，全力发展绿色交通产业生态链，推动能源装备产业向集成化、高端化方向转型升级，并加强首台（套）重大技术装备以及新型电力系统的示范应用力度，以全面提升辽宁省能源产业链的发展质量与效益。

此外，我们将不断加强清洁能源装备制造业的发展平台与载体建设，通过评审认定一批省级清洁能源装备制造业示范产业园区来进一步推动产业的发展壮大。在政府引导与市场机制的双重作用下，我们将组织相关企业、机构按照市场化原则推动企业信息共享与互利合作进程，从而为现有设备生产企业的规模扩张与产品升级提供有力支持。

10.4.4　提升新能源产业智能化水平

在推动清洁能源产业高质量发展的背景下，辽宁需加快信息技术与能源产业的深度融合，以适应数字化、自动化、网络化能源基础设施发展的新要求。这一进程不仅关乎能源产业的转型升级，更是实现“双碳”目标的关键路径。首先，辽宁应建设一个高效、智能的调度体系，这是清洁能源产业智能化建设的核心。通过引入先进的算法和模型，结合大数据分析技术，实现对清洁能源发电、输电、配电及用户侧的精准调度和实时优化。这不仅能够有效提升能源利用效率，还能确保电网的稳定运行，为清洁能源的大规模并网提供有力支撑。在此基础上，辽宁应统筹构建东北（辽宁）清洁能源数据中心，实现清洁能源数据的集中存储、高效处理和资源共享。该数据中心将作为清洁能源产业的“智慧大脑”，通过挖掘和分析海量数据，为能源规划、调度、运营提供科学依据，同时促进跨地区、跨行业的能源信息共享和协同。

为了推动清洁能源产业的创新发展，辽宁应以多能互补的清洁能源基地、源网荷储一体化项目、综合能源服务等新模式新业态为依托，实施一系列智慧能源示范工程。例如，可以借鉴其他省份的成功经验，如江苏的“源网荷储友好互动系统”示范项目，通过集成先进的储能技术、需求响应机制和智能调度策略，实现清洁能源的高效利用和电网的灵活调度。同时，辽宁可以探索建设基于区块链技术的分布式能源交易平台，促进清洁能源的分布式生产和消费。此外，要加强能源运行分析和动态监测。辽宁应建立健全能源监测预警体系，实时监测清洁能源的生产、消费和存储情况，及时发现并解决能源供需矛盾。同时，结合碳交易市场的建设，推动清洁能源产业与碳排放权交易的深度融合，通过市场机制激励企业降低碳排放，促进清洁能源的可持续发展。

综上所述，加强清洁能源产业智能化建设是辽宁实现能源转型和绿色发展的重要举措。通过建设智能调度体系、构建清洁能源数据中心、实施智慧能源示范工程以及加强能源运行分析和动态监测等措施，辽宁将有力推动清洁能源产业的智能化、绿色化发展，为构建清洁低碳、安全高效的能源体系奠定坚实基础。

10.4.5 重点发展动力电池回收利用产业

锂电池回收利用产业。随着新能源汽车产业的迅猛发展，国内外新能源汽车保有量迅速提升，近些年废旧电池规模将达到高峰，因此锂电池回收将成为新能源汽车产业链又一新兴焦点，同时是重大挑战，这决定着新能源汽车电池产业能否获取充足的锂资源，生态环境能否可持续发展，未来锂电池国际竞争能否拥有充分的话语权。根据中国汽车工程学会数据的显示，中国2023年废旧动力电池总量超过58万吨。根据中国新能源汽车动力电池回收利用产业协同发展联盟（CABRCA）的预测，2024年我国动力电池退役量预计达20.2GWh，同比增长48.53%；退役新能源汽车数量将达40.29万辆，同比增长46.56%。到2030年，退役电池量和新能源汽车数量将分别达到148.7GWh和298.91万辆。2024年8月14日，工信部公布《新能源汽车废旧动力电池综合利用行业规范条件（2024年本）》征求意见稿，对开展新能源汽车动力电池综合利用的企业提出了具体要求。

辽宁在发展动力电池回收利用产业方面需要从政策引导、回收体系构建、技术创新与产业升级、产业布局与规划以及宣传与教育等多个方面入手，形成合力推动动力电池回收利用产业的健康发展。

（1）强化政策引导与支持

国家已经出台了一些动力电池回收利用的政策，例如，2018年，工信部等七部委联合印发《新能源汽车动力蓄电池回收利用管理暂行办法》，以后又出台《新能源汽车动力蓄电池回收服务网点建设和运营指南》和《新能源汽车动力蓄电池梯次利用管理办法》等。由于动力电池综合利用行业还处于行业发展初期，投资额较大，因此需要政策大力引导与支持。

辽宁应积极响应国家有关政策号召，结合全省产业结构、市场需求、资源分布等实际情况，制定并出台一系列具有针对性的政策措施。

一是制定动力电池回收利用的总体规划。明确总体目标，如提高回收率、降低环境污染等；细化具体任务，如建立回收网络、推广梯次利用、加强技术研发等；明确具体实施路径，包括时间表、路线图、责任主体等，以确保政策的有效落地。

二是加强财政引导和支持。广东通过设立专项基金、建设回收网络、推广梯次利用等方式，有效提升了动力电池的回收利用率。辽宁可以借鉴经验，结合省情设立动力电池回收利用专项基金，用于支持技术研发、回收网络建设、市场推广等；还可以通过税收减免、资金补贴等优惠政策，降低企业的回收成本。

三是加强政策落实与监管。建立健全的市场准入和退出机制，鼓励优质企业进入市场，淘汰落后企业。加强行业自律和社会监督，鼓励行业协会、媒体、公众等各方参与监督，形成全社会共同推动动力电池回收利用的良好氛围。建立动力电池回收利用监管平台，对动力电池回收、运输、处理等各环节进行实时监控和追溯。

（2）构建完善的回收体系

建立全面回收网络。为有效推进动力电池的回收利用，辽宁应在全省范围内建立全面且高效的回收网络。可以在各市、县、区的主要交通节点、工业园区、商业区以及居民集中区等设立动力电池回收站点。这些站点应配备专业的回收设备和人员，以确保动力电池能够得到及时、安全的回收处理。

拓展合作渠道。辽宁应积极与新能源汽车销售、维修企业等建立稳定的合作关系。新能源汽车销售企业在销售新车时，可以同步推广动力电池回收服务，提高消费者的回收意识。而维修企业则可以在维修过程中，对动力电池的状态进行监测，一旦发现电池性能下降或存在安全隐患，即可及时将其纳入回收体系。此外，辽宁应鼓励新能源汽车生产企业承担动力电池回收的主体责任，利用自身的技术优势和渠道资源，建立覆盖全国的回收服务网点。

加强区域协作。加强与其他城市和地区的合作，共同构建区域性的回收利用网络。如与邻近的省份建立动力电池回收利用的合作关系，共同建设回收站点和处理设施。加强城市间的合作，推动跨区域的回收体系建设。促进沈阳、大连等城市建立紧密的合作关系，共同推进动力电池回收利用产业的发展。

积极参与国家回收利用体系建设。可以加入国家动力电池回收利用试点项目，与其他试点省份共同探索动力电池回收利用的新模式和新路径。通过国家层面的支持和引导，辽宁可以更快地推进动力电池回收利用产业的发展，为全国的动力电池回收利用体系建设做出贡献。

（3）推动技术创新与产业升级

加大技术研发支持力度。政府可以通过设立专项研发基金、提供税收减免和研发补贴等多元化激励措施，鼓励企业、高校、科研机构等社会各界积极参与动力电池回收利用技术的研发工作。这些研发项目应全面覆盖从电池拆解、材料分离到再制造的全过程，旨在显著提升回收效率、大幅度降低环境污染，并积极探索新的高价值利用途径，为动力电池回收利用产业的可持续发展奠定坚实基础。

推广梯次利用技术。梯次利用技术因其能够最大化电池生命周期价值而备受瞩目。政府应重点支持梯次利用技术的推广和应用，通过组织技术评估、市场调研等活动，精准识别哪些领域和场景最适合应用梯次利用技术。例如，在储能电站、备用电源、低速电动车等领域，梯次利用电池凭借其成本优势、性能稳定性以及环保特性而展现出广阔的应用前景。政府可以积极引导企业开展相关示范项目，验证技术的可行性和经济性，并逐步推动其商业化应用，为动力电池回收利用产业的创新发展注入新动力。

引进国外先进技术。政府可以通过设立国际合作项目、提供技术支持和资金援助等举措，积极引进国外先进的回收利用技术和设备。这些先进技术可能涵盖更高效的电池拆解技术、更环保的材料分离方法以及更先进的再制造技术等。通过引进这些技术，国内企业可以迅速提升技术水平，缩短与国际先进水平的差距，从而在国际市场中占据有利地位。同时，政府可以与企业合作建立技术引进和消化吸收的示范项目，通过实践验证技术的可行性和适用性，为技术的广泛应用奠定坚实基础。

深化国际合作与共同发展。鼓励省内企业积极参与国际技术交流活动，如参加国际展会、研讨会等，以深入了解最新的技术动态和市场趋势，拓宽国际视野，提升国际竞争力。鼓励省内企业加强与国际知名企业的合作，通过合资、合作研发等方式，共同推动动力电池回收利用技术的创新和发展。这些合作不仅有助于提升国内企业的技术水平，还能促进国际技术交流和合作，共同推动全球动力电池回收利用行业的可持续发展。

（4）加强产业布局与规划

为高效推进动力电池回收利用产业的健康发展，各级政府需加强对该产业的布局规划，确保资源得到合理配置，同时减少环境污染。规划应着重关注前端回收和后端再利用及无害化处置关键环节，以构建闭环的绿色产业链。

完善前端回收网络与机制。在前端回收环节，政府应积极推动建立完善的回收网络和机制，确保废旧动力电池能够及时、高效地收集上来。具体措施包括：在主要城市设立回收站点，实现废旧动力电池的便捷回收；与新能源汽车销售、维修企业建立稳定的合作关系，拓宽回收渠道；利用物联网、大数据等技术手段，实现废旧动力电池的精准追踪和高效回收。鼓励消费者积极参与回收活动，如设立回收奖励机制，提供便捷的线上、线下回收渠道，以及开展回收知识宣传和教育，提高消费者的环保意识和参与度。

加强后端再利用及无害化处置。在后端再利用及无害化处置环节，政府应重点支持梯次利用企业的创新发展，鼓励企业研发先进的再利用技术和设备，提高废旧动力电池的再利用价值。对于无法再利用的电池，政府应推动建设专业的无害化处置设施，确保电池中的有害物质得到妥善处理，避免对环境造成污染。此外，政府应加强监管和指导，确保无害化处置过程符合环保标准和要求，保障生态环境安全。

加强产业上下游协同合作。加强产业上下游的协同合作，推动产业链上下游企业的紧密衔接和协同发展。具体措施包括：引导前端回收企业与后端再利用企业建立长期稳定的合作关系，共同推进废旧动力电池的回收利用工作；支持建设动力电池回收利用产业园区，将相关企业集聚在一起，形成规模效应和集聚效应，提高整个产业的竞争力。同时，政府应加强行业自律和监管，规范市场秩序，促进产业健康发展。

推动动力电池回收利用项目建设。在优化产业布局的基础上，政府应积极推动动力电池回收利用项目的建设，以实际项目为载体，推动产业的快速发展。加强对项目的监管和指导，确保项目按照规划要求进行建设；提供资金支持和政策优惠，降低企业的投资成本和运营风险；加强与社会各界的沟通和合作，共同推动项目的顺利实施。通过推动项目建设，政府可以带动动力电池回收利用产业的快速发展，形成一批具有核心竞争力的企业和品牌，为当地创造就业机会，促进经济社会的全面发展。

10.5　建立新能源产业发展的支撑体系

10.5.1　优化新能源市场价格机制

（1）加速构建东北区域能源交易中心

在国家大力推进全国统一大市场的背景下，充分利用这一历史性机遇，迅速扩大交易规模，集中优势资源和力量，全力推进东北区域能源（电力）交易中心的构建进程。深入挖掘区域能源潜力，有效整合各类资源，优化交易流程，提升交易效率，从而构建一个高效、透明、开放的区域能源市场，为区域能源市场的健康发展奠定坚实而稳固的基础。

（2）深化电力市场体系改革

为了打破地区壁垒，促进电力市场的公平竞争和协同发展，辽宁应积极推动中长期交易、电力现货交易及辅助服务市场的协同运行。进一步完善清洁能源市场交易机制，确保各类清洁能源在市场中能够享有公平、公正的竞争机会，从而激发清洁能源市场的活力和潜力，推动能源结构的优化和升级。

（3）出台新能源调度管理办法

研究制定新能源调度工作办法，引导新能源产业健康、有序发展。这一办法应明确新能源调度的基本原则、工作流程和监管要求，确保新能源发电能够得到科学、合理的调度和安排。加强新能源调度的监管和评估工作，确保新能源发电的稳定性和可靠性。

（4）探索绿色电力交易机制

积极探索绿色电力交易模式，发掘绿色电力的环境价值。建立一套完善的绿色电力交易体系，明确交易规则、交易方式和交易价格，确保绿色电力在交易组织、电网调度等方面享有优先地位。加强绿色电力交易的宣传和推广工作，提高社会对绿色电力的认知和接受度。

（5）鼓励用户直接购买绿色电力

引导有需求的用户直接购买绿色电力，推动绿色电力的普及和应用。推动电网企业优先执行绿色电力的直接交易结果，确保绿色电力能够顺利接入电网并得到优先调度。做好绿色电力交易与绿证交易、碳排放权交易的有效衔接工作，形成完整的绿色电力交易体系。

（6）完善峰谷分时电价机制

发挥市场价格的引导作用，通过科学划分峰谷时段来完善电力市场价格规则。深入了解电力市场的供需情况和价格变动趋势，制定合理的峰谷电价标准。加强峰谷电价政策的执行和监管工作，提高省内电源的顶峰发电能力和新能源消纳能力，有效平衡电力供需关系，保障电力系统的安全稳定运行。

（7）落实抽水蓄能电站容量电费政策

加强政策宣传和解释工作，明确抽水蓄能电站容量电费的政策要求和执行标准，确保抽水蓄能电站容量电费的核定与传导机制得到有效落实。加强抽水蓄能电站的投资建设和运营管理工作，促进储能等新型灵活性调节资源的投资可靠回收。提高系统灵活调节能力，为区域能源市场的稳定发展提供有力支撑和保障。

（8）建立用户参与辅助服务费用分摊机制

建立相应的费用分摊机制，推动储能设施、虚拟电厂、用户可中断负荷等需求侧灵活性调节资源参与辅助服务。这一机制应明确分摊原则、分摊方式和分摊比例，确保各类资源能够公平、合理地分担辅助服务费用。加强辅助服务费用的监管和评估工作，确保费用的合理性和有效性。

（9）严格执行清洁取暖相关政策

严格落实与清洁取暖相关的电价、气价、热价等政策，推动能源结构的优化和环境的改善。加强清洁取暖技术的研发和推广工作，提高清洁取暖的效率和效益。加强清洁取暖市场的监管和管理工作，确保市场的公平、公正和有序发展。

10.5.2　金融体系创新赋能新能源产业快速成长

发挥辽宁数字金融、科技金融、绿色金融优势，支持新能源发展和传统能源创新利用，为能源研发、生产、流通、消费方面提供资金及技术支持。一是利用数字金融及平台的广覆盖、宽连接特性，发挥数字金融消费的“长尾效应”优势，为能源企业、消费者、中介机构、研发机构、政府部门等提供普惠性精准性能源金融服务，助力新能源市场发育和成长。二是利用科技金融优势，通过人工智能、大数据、虚拟现实等数字科技手段，为企业、消费者提供综合能源解决方案及供应链金融匹配方案，供企业及消费者选择，节约能源决策和管理成本。探索将新能源汽车及分布式电源能量体系、电网体系、金融结算体系对接，及时清算能量流通兑付价值。三是发挥绿色金融优势，为能源企业转型升级和新能源企业发展减税降费，比如在特殊时期对能源企业研发费用税前加计扣除、暂缓缴纳社保基金等，降低行政审批门槛，率先为中小微绿色能源企业、重大绿色能源项目提供投融资、IPO、上市、贷款等需求服务，降低企业贷款利率和延长贷款期限，助力能源企业数字化转型和新能源企业高速高质发展。

10.5.3　培育高素质新能源领域人才

辽宁应该重视专业人才的培养，提高自主研究的核心能力。在高校教育中，新能源专业往往是新增专业，培养目标及课程设置还不够完善，必须从实践的过程中不断的探索和完善。新能源专业本身便是多个专业交叉的学习，这也导致了教学内容综合性和复杂性比较明显。为了培养更多的高素质人才，可以将校企合作的方式运用进来，并重视和发达国家相关高校相关专业的合作，努力提高设备制造和技术开发的水平，帮助我国新能源提高其市场竞争力。

首先，要创新人才培养方式，注重技术研发类人才的培养。新能源企业和省内外高校签订定向培养协议，增强企业内部人员之间的技术交流，完善企业内部对人才的培养体系。同时，可以利用各类优惠政策引进国内外高端人才。充分利用辽宁高校资源丰富的优势，高校要积极构建新能源、储能、氢能、碳减排、碳汇、碳排放权交易等涉碳学科专业体系，优化相关专业课程设置，努力培养一批高层次、急需紧缺以及骨干专业技术人才。高校要加强与企业的合作和交流，推动产学研深度融合，共同开展绿色低碳技术的研发和应用，为辽宁乃至全国的绿色低碳事业提供更多的科技支撑和人才保障。

其次，应加强绿色低碳人才引育与服务保障体系构建。为实现碳达峰碳中和的宏伟目标，辽宁必须站在时代的高度，深刻认识到人才在推动绿色低碳发展中的不可替代作用。在全球气候变化和环境问题日益严峻的背景下，加强绿色低碳人才的引育和服务保障，不仅是辽宁实现高质量发展的需要，更是对国家乃至全球生态文明建设的积极贡献。深度挖掘辽宁省内院士专家的科研潜力和影响力，通过举办院士辽宁行、碳中和高峰论坛等一系列具有影响力的活动，搭建起一个涵盖政府、企业、高校、科研机构等多方参与的高端交流合作平台。在这个平台上，我们将推动绿色低碳技术的深度交流与合作，共享最新的科研成果和创新理念，从而吸引并留住一批在绿色低碳领域具有世界领先水平的顶尖人才团队来辽宁发展，共同为辽宁的绿色转型和低碳发展贡献力量。

同时，可以依托“兴辽英才计划”，着力培养绿色低碳领域的战略科学家、一流科技领军人才和创新团队、青年科技人才以及卓越工程师。通过设立专项基金、提供科研条件、搭建成长平台等措施，为这些人才提供全方位的支持和保障，帮助他们解决在科研和创业过程中遇到的各种困难与问题。还应该持续推进“带土移植”行动，进一步完善“平台+人才+机制”的工作模式。加强与国内外知名高校、科研机构以及企业的合作和交流，通过引进国外的创新创业团队和优秀人才，为辽宁的绿色低碳事业注入新的活力和动力。

10.6　提前谋划，协助辽宁企业应对出口困难

在未来的一段时间里，国际贸易壁垒的形式预计会变得更加多样且复杂，其门槛也将越来越高。面对这一严峻形势，政府及相关部门应当给予充分重视，并积极采取行动。具体而言，需要加大对国际贸易摩擦问题的深入研究力度，全面而深入地了解各国及各地区的法律法规、行业标准、税收制度以及补贴政策等关键信息。在此基础上，应制定出一系列具有针对性和可操作性的应对措施，为省内出口企业构建一个高效、便捷的国际贸易信息共享平台。

该平台将致力于提供及时、准确的出口政策咨询公益服务，通过这一渠道，企业能够便捷地获取到所需的信息和资源，从而更好地应对国际贸易中的挑战和困难。同时，政府及相关部门将积极为企业排忧解难，通过提供有效的指导和支持，切实降低企业的出口风险，充分利用我国为支持出口而制定的各项保障政策，如出口退税政策、贸易融资政策以及海外投资保险政策等。通过内部优化和外部支持相结合的方式，为企业的出口活动提供全方位的保驾护航。

针对省内工业企业，政府及相关部门应积极开展出口贸易政策和风险的普及培训工作。通过举办培训班、研讨会等活动，企业可以充分了解国际市场的动态和规则，并做好应对国际摩擦的充分准备。同时，鼓励企业积极应用大数据技术，将其融入到企业生产的全生命周期管理中。针对碳足迹、ESG（环境、社会和公司治理）、回收溯源、梯次利用等方面，企业要做好数据管理和制度管理，以提升自身的可持续发展能力和市场竞争力。

在国际贸易人才培养方面，我们也应加大力度。重点培养技术研发高端人才、国际市场营销人才、法律人才、财务人才以及商务人才等，全面提升企业国际化运营的能力和水平。通过优化人才结构、提升人才素质，为企业的国际化发展提供坚实的人才保障和智力支持。

参考文献

［1］ 曹楠楠，牛晓耕，胡筱沽．金融支持新能源产业集聚发展的实证研究［J］．当代经济管理，2021，43（4）：89-97．

［2］ 陈星星，田贻萱．中国新能源产业发展态势、优势潜能与取向选择［J］．改革，2024（5）：112-123．

［3］ 陈艺华，张炜，张成刚，等．新型电力系统中促进新能源消纳的电力现货市场交易机制研究［J］．智慧电力，2022，50（2）：97-104．

［4］ 程洪飞，李豫新，曹梦渊．降碳与增长何以兼得？——基于新能源示范城市政策的经验研究［J］．财经研究，2024，50（7）：126-140．

［5］ 丁峰，李晓刚，梁泽琪，等．国外可再生能源发展经验及其对我国相关扶持政策的启示［J］．电力建设，2022，43（9）：1-11．

［6］ 高鸿．加大对新能源产业发展的金融支持［J］．中国金融，2024（15）：101．

［7］ 高华．技术创新与我国新能源产业发展研究［D］．北京：中国地质大学，2023．

［8］ 刘虹利．产业集聚对中国新能源产业技术效率的影响研究［D］．北京：中国地质大学，2022．

［9］ 苗渝舒．国际贸易视角下的中国新能源产业发展策略探讨［J］．太阳能学报，2023，44（4）：549．

［10］ 牛君，程智超．我国新能源产业发展研究现状与展望——基于文献计量学的可视化分析［J］．生态经济，2024，40（1）：211-220．

[11] 欧阳慧，朱杰，郭琎. 破除地方保护加快建设全国统一大市场——以新能源汽车为例 [J]. 宏观经济管理，2024（10）：44-50，66.

[12] 孙莹，李晓鹏，蔡文斌，等. 面向新能源消纳的调峰辅助服务市场研究综述 [J]. 现代电力，2022，39（6）：668-676.

[13] 高薇. 基于循环经济的辽宁新能源开发利用路径探讨 [J]. 商业经济研究，2017（10）：214-215.

[14] 王帮俊，崔林玉，王智乐，等. 绿色金融试点政策对新能源企业技术创新的影响研究 [J]. 南京财经大学学报，2024（2）：67-77.

[15] 魏兰叶，刘朝. “双碳”愿景下政府补贴促进了新能源企业发展吗？[J]. 企业经济，2024，43（6）：13-25.

[16] 吴琪，赵宣茗，张佳诚，等. 促进新能源消纳的电-碳市场耦合激励型出清机制 [J]. 电力建设，2023，44（12）：14-27.

[17] 行伟波，张康. 新能源汽车产业发展的税收支持政策：国际经验与发展前瞻 [J]. 财政科学，2023（4）：140-153.

[18] 徐喆，吕杰. 环境规制与新能源产业发展：演化逻辑及优化路径 [J]. 内蒙古社会科学，2023，44（1）：124-130.

[19] 张宏霞，张衍杰，马茜，等. “双碳”目标下新能源产业发展趋势 [J]. 储能科学与技术，2022，11（5）：1677-1678.

[20] 张金良. 全球视野下的中国新能源产业发展 [J]. 人民论坛，2024（22）：73-77.

[21] 张雷. 中国新能源汽车电池产业发展动力机制研究 [D]. 北京：北京交通大学，2022.

[22] 赵球，张超. 研发补贴对新能源汽车企业创新影响的实证研究 [J]. 地方财政研究，2024（8）：77-90.

[23] 周广为. 支持新能源产业技术创新的财税政策研究 [D]. 南昌：江西财经大学，2023.

[24] 王明月，陈大恩，庞昌伟. 中国新能源产业高质量发展水平测度与时空演变特征 [J]. 统计与决策，2025（5）：132-136.

[25] 冯玉铭，彭鹏，黄军林，等. 长沙市新能源汽车充电站供给格局及其空间适配性 [J/OL]. 经济地理，2025（2）：1-11.［2025-05-06］. http：//kns.cnki.net/kcms/detail/43.1126.K.20250310.0856.002.html.

[26] 夏飞，蔺子晴，郑丽娜.促进新能源产业技术创新的财税政策研究 [J]. 税务研究，2025（3）：126-131.

[27] 孔德婧，覃金冰，刘宇飞，等. 基于“三链融合”的战略性新兴产业发展瓶颈识别——以新能源汽车为例 [J/OL]. 情报杂志，2025（2）：1-9.［2025-05-06］. http：//kns.cnki.net/kcms/detail/61.1167.g3.20250227.1047.006.html.

[28] 易兰，田明甫，邹凡，等. 新能源汽车技术创新何以提升地区碳排放效率？——基于中国274个城市的实证分析 [J/OL]. 软科学，2025（4）：1-14.［2025-05-06］. http：//kns.cnki.net/kcms/detail/61.1167.g3.20250227.1047.006.html.

[29] 李倩，赵彦云，燕雪倩. 新能源产业政策文本分类及实施效果差异性研究 [J]. 干旱区资源与环境，2025，39（3）：1-9..

[30] 张跃军，刘文丽. 政府补贴如何促进新能源企业技术创新？[J]. 管理科学学报，2025，28（2）：1-14.

[31] 杨飞. 如何破解“卡脖子”技术难题——基于新能源汽车产业与半导体产业的比较研究 [J/OL]. 科学学研究，2025（1）：1-12.［2025-05-06］. https：//doi.org/10.16192/j.cnki.1003—2053.20250123.001.

[32] 杨轲，刘戒骄，方虹，等. 创新驱动引领新能源汽车产业高质量发展的“五菱探索”[J]. 人民论坛，2025（2）：84-87.

[33] 赵小磊，毛雨濛，李雪梅. 能源价格与新能源汽车消费——基于消费者预期的视角 [J/OL]. 软科学，2025（1）：1-14.［2025-05-06］. http：//kns.cnki.net/kcms/detail/51.1268.G3.20250113.1448.010.html.

[34] 陈肖飞，蔡和倩，胡永桂，等. 新能源汽车生产网络与区域发展战略耦合模式及机制：基于比亚迪案例 [J]. 地理研究，2025，44（1）：21-35.

[35] 王明月，陈大恩. 新质生产力助推新能源产业高质量发展的理论逻辑与创新路径 [J]. 中州学刊，2024（12）：39-46.

[36] 张瑾，吴媛，李金铠. 社会-技术系统视角下新能源产业发展影响因素组态研

究——基于国内30个省份的模糊集定性比较分析［J/OL］. 科技进步与对策，2024（12）：1-11.［2025-05-06］. http：//kns. cnki. net/kcms/detail/42.1224. G3.20241203.1534. 010.html.

［37］ 郭庆方，张红晨. 中国新能源发展机制研究——基于产业特性与国家整体工业体系融合视域的分析［J］. 价格理论与实践，2024（9）：33-38，225.

［38］ 聂正标. 政府补贴与企业技术创新——来自新能源产业的证据［J］. 产业经济评论，2023（6）：27-42.

［39］ 谢聪，王强. 中国新能源产业技术创新能力时空格局演变及影响因素分析［J］. 地理研究，2022，41（1）：130-148.

［40］ 秦锦，畅红琴. 数字技术、市场化水平与新能源产业发展：基于门槛效应模型的实证分析［J］. 现代管理科学，2021（8）：26-34.

［41］ 张宪昌. 我国新能源产业发展政策研究［M］. 北京：经济科学出版社，2025.

［42］ 李志学. 新能源产业环境效应与价格补贴政策研究［M］. 北京：中国财政经济出版社，2020.

［43］ 彭苏萍，等. 能源新技术战略性新兴产业发展重大行动计划研究［M］. 北京：科学出版社，2019.

［44］ 刘颖琦. 中国新能源汽车产业创新发展研究［M］. 北京：科学出版社，2025.

［45］ 岳芬，陈海生，刘为，等. 储能产业政策与典型项目案例解析［M］. 北京：化学工业出版社，2024.

［46］ 张长令，吴鹏飞. 储能产业：碳中和背景下的新赛道［M］. 北京：中国发展出版社，2024.

［47］ 陈浈. 区域能源安全外生警源影响因素分析及预警研究［D］. 重庆：重庆理工大学，2018.

［48］ 程燕，张庆歌. 双碳目标下新疆发展清洁能源对策分析［J］. 节能与环保，2021（12）：36-38.

［49］ 高蕾. 伊朗核问题对中国能源安全体系的影响与对策研究［D］. 重庆：西南大学，2015.

［50］ 郭艳. 动力蓄电池回收利用新《指南》出台规范回收服务网点建设运营势在必行

[J]. 资源再生，2019（11）：31-33.

[51] 何伟，张鹏. 燃煤自备电厂可再生能源替代项目研究［C］//第七届全国石油和化工电气设计与应用论文大赛入选论文集. 北京：中国机电一体化技术应用协会，2024：510-515.

[52] 胡健，李言瑞，曾斌，等. 建立全国统一电力市场核电将迎来新的发展机遇［J］. 中国核工业，2022（4）：33-36.

[53] 魏昊星. 湖北荆门："华中锂电之都"乘风而起［N］. 中国经济时报，2023-10-10.

[54] 蒋懿.《关于完善能源绿色低碳转型体制机制和政策措施的意见》的解读［J］. 大众用电，2022，37（4）：7-10.

[55] 荆门：转型发展势如虹［N］. 黄冈日报，2023-12-15.

[56] 辽宁省人民政府. 辽宁省人民政府办公厅关于印发辽宁省"十四五"能源发展规划的通知［J］. 辽宁省人民政府公报，2022（17）：16-48.

[57] 辽宁省人民政府. 辽宁省人民政府办公厅关于印发辽宁省加快推进清洁能源强省建设实施方案的通知［J］. 辽宁省人民政府公报，2022（23）：13-28.

[58] 林楚. 2030年我国新型储能实现全面市场化发展［N］. 机电商报，2022-03-07（A3）.

[59] 刘客. 产业安全视角下中国煤炭产业转型路径研究［D］. 北京：北京交通大学，2016.

[60] 刘轩，赵阳，孙然，等. 江苏省新能源产业发展现状与经验分析［J］. 新型工业化，2020，10（6）：166-168.

[61] 马永丽. 数控机床机械故障诊断方法及应用分析［J］. 科技创新导报，2020（17）：97，99.

[62] 马云俊，安玉兴，崔长春，等."双碳"目标下辽宁大力发展新能源产业的基础、目标与路径［J］. 沈阳工程学院学报（社会科学版），2024，20（3）：51-58.

[63] 米欣，胡旭."双碳"目标下辽宁省新能源产业发展路径研究［J］. 节能与环保，2024（3）：25-31.

[64] 山东省人民政府. 山东省人民政府关于印发山东省碳达峰实施方案的通知［EB/

OL］．［2022-12-29］． http：//sthj.shandong.gov.cn/dtxx/hbyw/202212/t20221229_4203982.html.

［65］ 宋鹏超，吕玉萍．我国新能源产业发展存在的问题与对策［J］．科技创新导报，2020（17）：98-99.

［66］ 苏铭，张有生．能源安全评价研究述评［J］．浙江社会科学，2012（4）：126-132.

［67］ 苏南．内蒙古苦练“内功”强化智能电网［N］．中国能源报，2022-03-07（23）.

［68］ 孙浩然．石家庄市公共建筑碳达峰预测与节能减排潜力分析［D］．邯郸：河北工程大学，2021.

［69］ 王鹏，王文涛，辛力．新型电力系统内涵特征及发展方向［J］．中国基础科学，2023，25（3）：23-28，35.

［70］ 王馨悦．动荡调整中加快转型变革［N］．中国石油报，2023-04-04（5）.

［71］ 李慧，李丽旻，王林．国际能源在突围中持续转型［N］．中国能源报，2023-01-09（1）.

［72］ 金色光-投资有道．我国电子废弃物领域首个碳减排项目落地，这些上市公司同领域发力［EB/OL］．［2024-04-11］． https：//baijiahao.baidu.com/s? id=1796028658845132965&wfr=spider&for=pc.

［73］ 徐进，董达鹏．“双碳”背景下我国新能源发展的再思考［J］．能源，2023（10）：32-37.

［74］ 叶青．铁西区：全力打造东北新能源产业基地［N］．沈阳日报，2023-01-03（1）.

［75］ 尹鹤松．辽宁省风力发电行业发展战略的研究［D］．沈阳：沈阳大学，2015.

［76］ 苑希港，张晓青．碳中和视角下江苏新能源产业发展现状和提升路径研究［J］．价值工程，2021（33）：20-22.

［77］ 张爱萍．全国人大代表董天仁：建设清洁能源强省，加快推进新型能源体系规划建设［N］．国家电网报，2023-03-06（4）.

［78］ 张帆．新能源参与电力现货交易的风险及对策分析［J］．内蒙古科技与经济，

2023（19）：91-93，98.

[79] 张文奎. 全球新能源看宁德［N］. 闽东日报，2023-10-24（1）.

[80] 张雄化. “双碳”目标下深圳新能源产业发展的路径与对策［J］. 特区经济，2022（8）：7-11.

[81] 周云，刘东冉. 新能源参与电力市场稳步发展，仍需完善长效机制［J］. 风能，2023（5）：8-13.